Günther Koch

Freiarbeitsmaterialien für die 8. Klasse: Deutsch

Alle Kompetenzbereiche – drei Differenzierungsstufen – flexibel einsetzbar

verlag

Bitte beachten Sie: Aufgrund der besseren Lesbarkeit werden in diesem Band zumeist die männlichen Formen verwendet. Wenn zum Beispiel von „dem Schüler" die Rede ist, ist selbstverständlich auch immer die Schülerin mit gemeint.

Impressum

Freiarbeitsmaterialien für die 8. Klasse: Deutsch

Dr. Günther Koch unterrichtete nach Abschluss seines Studiums (Hauptschullehramt) in der bayerischen Landeshauptstadt München. Darüber hinaus engagiert er sich im Rahmen eines Lehrauftrags an der Ludwig-Maximilians-Universität München in der Lehrerbildung. Aktuell unterrichtet er am Staatsinstitut für die Ausbildung von Fachlehrern.

1. Auflage 2018
© 2018 AOL-Verlag, Hamburg
AAP Lehrerfachverlage GmbH
Alle Rechte vorbehalten.

Veritaskai 3 • 21079 Hamburg
Fon (040) 32 50 83-060 • Fax (040) 32 50 83-050
info@aol-verlag.de • www.aol-verlag.de

Redaktion: Kathrin Roth
Layout/Satz: Satzpunkt Ursula Ewert GmbH, Bayreuth
Illustrationen: soweit nicht anders angegeben:
© Satzpunkt Ursula Ewert GmbH, Bayreuth
Coverfoto: © AAP Lehrerfachverlage GmbH

ISBN: 978-3-403-10505-3

Das Werk als Ganzes sowie in seinen Teilen unterliegt dem deutschen Urheberrecht. Der Erwerber des Werkes ist berechtigt, das Werk als Ganzes oder in seinen Teilen für den eigenen Gebrauch und den Einsatz im Unterricht zu nutzen. Die Nutzung ist nur für den genannten Zweck gestattet, nicht jedoch für einen weiteren kommerziellen Gebrauch, für die Weiterleitung an Dritte oder für die Veröffentlichung im Internet oder in Intranets. Eine über den genannten Zweck hinausgehende Nutzung bedarf in jedem Fall der vorherigen schriftlichen Zustimmung des Verlages.

Sind Internetadressen in diesem Werk angegeben, wurden diese vom Verlag sorgfältig geprüft. Da wir auf die externen Seiten weder inhaltliche noch gestalterische Einflussmöglichkeiten haben, können wir nicht garantieren, dass die Inhalte zu einem späteren Zeitpunkt noch dieselben sind wie zum Zeitpunkt der Drucklegung. Der AOL-Verlag übernimmt deshalb keine Gewähr für die Aktualität und den Inhalt dieser Internetseiten oder solcher, die mit ihnen verlinkt sind, und schließt jegliche Haftung aus.

Engagiert unterrichten. Begeistert lernen.

Inhaltsverzeichnis

Vorwort 4

Schreiben

Sich um einen Praktikumsplatz bewerben 5

Kreatives Schreiben 22

Kreatives Schreiben – Dank an etwas
Liebgewonnenes 22

Kreatives Schreiben – Gedicht zum
Thema Zukunft 23

Kreatives Schreiben – Befürchtungen 23

Kreatives Schreiben – Brief an mein
zukünftiges Ich 24

Kreatives Schreiben – Nur noch kurz
die Welt retten 24

Kreatives Schreiben – Schrei so laut du kannst .. 25

Kreatives Schreiben – Hochstapler 25

Kreatives Schreiben – Meine Empfindungen 26

Kreatives Schreiben – Collage zum
Thema Zukunft 26

Rechtschreibung – Fach- und Fremdwörter 27

Rechtschreibung – Getrennt- und
Zusammenschreibung 37

Rechtschreibung – Groß- und Kleinschreibung .. 40

Rechtschreibung – Wörterbücher
richtig nutzen 46

Rechtschreibung – Zeichensetzung 52

Rechtschreibung – Individuelle
Fehlerschwerpunkte 61

**Sprache und Sprachgebrauch
untersuchen**

Genus verbi – Aktiv und Passiv 65

Wir wiederholen die Zeiten 72

Zeitformen – Das Plusquamperfekt 73

Zeitformen – Das Futur II 78

Sprechen und Zuhören

Einen Kurzvortrag halten 81

Einen Kurzvortrag halten – Gestik gezielt
einsetzen 81

Einen Kurzvortrag halten – Mimik und Gestik
gezielt einsetzen 82

Einen Kurzvortrag halten – eine Nachrichtenmeldung inhaltlich aufbereiten / eine
Nachrichtenmeldung präsentieren 83

**Lesen – Mit Texten und Medien umgehen /
Sprechen und Zuhören**

Autoren des 20. Jahrhunderts 86

Autoren des 20. Jahrhunderts –
Autor wählen 86

Autoren des 20. Jahrhunderts –
Thema eingrenzen 87

Autoren des 20. Jahrhunderts –
Informationen sammeln 87

Autoren des 20. Jahrhunderts –
Informationen ordnen 88

Autoren des 20. Jahrhunderts –
Stichwortkarten erstellen 88

Autoren des 20. Jahrhunderts –
Richtig zitieren 89

Autoren des 20. Jahrhunderts –
Vortrag üben und halten 89

Autoren des 20. Jahrhunderts –
Präsentation erstellen 90

Autoren des 20. Jahrhunderts –
Umgang mit Lampenfieber 90

Lesen – Mit Texten und Medien umgehen

Lesen mit Köpfchen – eine Lesestrategie
anwenden 91

Autoren des 20. Jahrhunderts –
Internetrallye Heinrich Böll, Teil 1 92

Autoren des 20. Jahrhunderts –
Internetrallye Heinrich Böll, Teil 2 93

Autoren des 20. Jahrhunderts –
Günter Grass 94

Smartphones miteinander vergleichen 99

Den Aufbau einer Zeitung kennen 105

Literarische Textsorten unterscheiden und
erschließen 117

Vorwort

Liebe Kolleginnen und Kollegen,

stark heterogene Klassen, vielfältige Verwaltungsaufgaben und intensive Schulentwicklung – das sind nur einige Ihrer Aufgabenfelder. Leider gerät dadurch manchmal unser Kerngeschäft, das Unterrichten, ins Hintertreffen. Dieses Material soll Sie daher dabei unterstützen, die täglichen Herausforderungen des Unterrichts bestmöglich zu bewältigen, ohne in einem Wust von Unterrichtsvorbereitung unterzugehen.

Bei der Erstellung dieses Übungsmaterials war es mir wichtig, alle Kompetenzbereiche des Deutschunterrichts abzudecken. Häufig beschränken sich vergleichbare Übungsmaterialien lediglich auf die Themen *Grammatik* und *Rechtschreibung*. Dieser Band für die Klasse 8 bietet hingegen Material zu allen Kompetenzbereichen:

- Schreiben (inklusive des Bereichs Rechtschreibung)
- Sprache und Sprachgebrauch untersuchen
- Sprechen und Zuhören
- Lesen / Mit Texten und Medien umgehen

Wenn Sie bereits gute Erfahrungen mit den bisherigen Bänden dieser Reihe gemacht haben, werden Ihnen in diesem Band einige strukturelle Änderungen auffallen. Die Kompetenzbereiche „Sprechen und Zuhören" und „Lesen / Mit Texten und Medien umgehen" werden nämlich stellenweise verknüpft, um den Schülern einen ganzheitlichen Zugang zum Thema „Autoren des 20. Jahrhunderts" zu ermöglichen. Aus demselben Grund sind auch die Aufgaben zum Halten von Vorträgen direkt vor dem Kompetenzbereich „Lesen – mit Texten und Medien umgehen" platziert. Dennoch erfüllt natürlich auch dieser Band alle Kriterien für die Reihe:

Aus der Praxis für die Praxis
Dieses Material wurde für den Einsatz in heterogenen Klassen entwickelt und erprobt. Es verbindet das didaktisch-methodisch Wünschenswerte mit dem schulpraktisch Machbaren. Sie können diese Materialien rasch und mit wenig Vorbereitungsaufwand nutzen und jedem Schüler passgenaues Material zur Verfügung stellen.

Schülerorientiert und verständlich
Bei der Konzeption des Materials war mir wichtig, dass die Aufgaben optisch und inhaltlich ansprechend und altersgemäß gestaltet sind. Außerdem sollen Erklärungen und Anweisungen so eindeutig formuliert sein, dass Schüler sie leicht verstehen. Bei Materialien, die in der Freiarbeit eingesetzt werden, ist das besonders wichtig. Dies verhindert das in Schulklassen häufig zu beobachtende Phänomen, dass Schüler mit großen, ratlosen Augen vor Übungsmaterialien sitzen und Lehrkräfte von Gruppe zu Gruppe springen, um zusätzliche Erklärungen zu geben. Das Material soll es Ihnen ermöglichen, die Rolle des Lernbegleiters und Beobachters einzunehmen, und Ihre Schüler verlieren keine wertvolle Lernzeit.

Differenziert und motivierend
Aufgrund der zum Teil enormen Heterogenität in Schulklassen liegen die Materialien auf drei unterschiedlichen Niveaustufen vor, das heißt, zu jedem Lerninhalt finden Sie drei Aufgabenkarten unterschiedlichen Schwierigkeitsgrads. Die Aufgaben werden nicht einfach nur variiert, sondern die verwendeten Lern- und Übungswörter darüber hinaus auch verändert. Wenn ein Schüler ein Aufgabenkärtchen des niedrigsten Anforderungsniveaus erfolgreich bearbeitet hat, kann er sich problemlos einem der schwierigeren widmen. So erweitert er sukzessive sein Wissen und Können. Durch die Verwendung leicht verständlicher Symbole (☆, ☆☆, ☆☆☆) wissen die Schüler stets, auf welchem Niveau sie arbeiten. Sobald Sie die Materialien das erste Mal in Ihrem Unterricht eingesetzt haben, wird sich bei Ihren Schülern ein Aha-Effekt einstellen, denn die Aufgabenformate und die Vorgehensweise sind schnell vertraut.

Eher spielerische Aufgaben (erkennbar an diesem Symbol: ☺) sind nicht den unterschiedlichen Niveaustufen zugeordnet, um den Spielcharakter zu fördern. Einige Aufgabenblätter sind für alle Schüler geeignet, erkennbar an „alle" in der Kopfzeile. Sehr motivierend für die Lernenden ist auch der Umstand, dass das Gros der Aufgaben mit einer Partnerübung endet, die den Schülern die Möglichkeit gibt, aktiv zu werden und das eben Gelernte im Austausch mit anderen zu vertiefen.

Flexibel und vielseitig einsetzbar
Die eine richtige Lösung für die Konzeption einer Unterrichtsstunde oder -sequenz gibt es nicht. Daher kann das Material vielseitig eingesetzt werden. Vor allem diese drei Wege sind in der Praxis üblich:

- An zentraler Stelle im Klassenzimmer platziert, können schnelle Schüler das Material nutzen, um sinnvoll Wartezeiten zu überbrücken.
- Im Rahmen eines Stationentrainings eingesetzt, ermöglicht das Material den Schülern, einen Themenschwerpunkt gezielt zu üben und zu wiederholen.
- Als Teil einer eher lehrergelenkten Unterrichtsstunde lässt sich mithilfe der Materialien sehr schön differenzieren, um jeden einzelnen Schüler auf seinem individuellen Leistungsniveau zu fördern.

Möglichkeit zur Selbstkorrektur
Alle Materialien wurden so konzipiert, dass die Schüler ihre Lösungen möglichst selbst überprüfen und die eigenen Fehler entdecken und verbessern können. Vor dem Hintergrund einer neuen Fehlerkultur ist dies die zentrale Voraussetzung für nachhaltigen Kompetenzerwerb. Da die Lösungen direkt auf den Kärtchen enthalten sind, entfällt für Sie sowohl das zeitaufwendige Korrigieren als auch das häufig umständliche beidseitige Kopieren oder Auslegen der Lösungen im Klassenzimmer. Außerdem werden die Lernenden somit zur Verantwortungsübernahme und zur Selbstständigkeit angeleitet.

Abschließender Hinweis
Zum Ende dieses Vorworts darf folgender Hinweis nicht fehlen: Gerade im Bereich Rechtschreibung stehen sich in der Diskussion zwei unterschiedliche Pole nahezu unvereinbar gegenüber: Einerseits sollen Schüler lernen, Texte zu überarbeiten, Fehler zu entdecken und diese zu verbessern, aber andererseits sind einige Theoretiker wie Praktiker der Meinung, dass sich den Schülern falsch geschriebene Wörter in Übungsmaterialien einprägen, was es zu verhindern gilt. In diesem Band haben wir uns an einigen Stellen ganz bewusst dafür entschieden, die Schüler fehlerhafte Wörter verbessern zu lassen, da dies nicht nur Bestandteil vieler Abschlussprüfungen ist, sondern auch in der außerschulischen Realität zentrale Bedeutung hat.

Schreiben

Sich um einen Praktikumsplatz bewerben

Lies den Text sorgfältig.

Absatz 1

In der Schule ist es doch eigentlich ganz angenehm: Die Pausen sind lustig, Tag für Tag siehst du deine Freunde und auch die Lehrer sind gar nicht so schlimm. Weshalb also solltest du ein Praktikum machen und jeden Tag hart schuften? Ganz einfach: Ein Praktikum kann dir helfen, den für dich richtigen Beruf zu finden und zu überprüfen, ob du dafür geeignet bist. Das ist wichtig, weil du nach der Schulzeit einen großen Teil deiner Zeit auf der Arbeit verbringen wirst. Da ist es wichtig, dass du etwas tust, das dir wirklich Freude macht. Selbst wenn es in jedem Beruf unangenehme Dinge gibt, sind Arbeitnehmer, die gerne zur Arbeit gehen, nicht nur am glücklichsten, sondern auch am erfolgreichsten. Ein Praktikum gibt dir schon jetzt die Chance, in das Berufsleben hineinzuschnuppern und zu überprüfen, ob der Alltag in deinem Traumjob so toll ist, wie du denkst. Außerdem sammelst du wichtige Erfahrungen im Umgang mit anderen Mitarbeitern, Kunden und Geschäftspartnern. Die Arbeit in einem Unternehmen ist eine ganz andere Welt als die Schule. Am sinnvollsten ist es, das Praktikum zu nutzen, um mit den Mitarbeitern ins Gespräch zu kommen. Stell ihnen Fragen, um ein besseres Bild von diesem Beruf zu bekommen. Frage sie, warum sie sich für diesen Beruf entschieden haben, ob sie ihn nochmals ergreifen würden und was du tun kannst, um dich dafür zu qualifizieren. Außerdem bekommst du in deinem Praktikum vielleicht Ideen für Alternativen, wenn sich eine Ausbildung in deinem Traumjob aus irgendwelchen Gründen nicht realisieren lässt.

Absatz 2

Am besten nutzt du die Bewerbung für ein Praktikum, um dich auf den Ernstfall vorzubereiten. Denn nach dem Ende deiner Schulzeit wartet auf dich die Bewerbung um einen Ausbildungsplatz. Wenn du deine Bewerbungsmappe jetzt schon sorgfältig erstellst, wird es dir später deutlich leichter fallen und besser gelingen. Wenn Unternehmen Praktikanten, Auszubildende oder Mitarbeiter suchen, erhalten sie meist viele Bewerbungen. Um trotzdem eine Chance auf das begehrte Praktikum oder die Ausbildung zu haben und nicht von Anfang an aussortiert zu werden, ist eine ordentliche Bewerbungsmappe wichtig. Eine unvollständige oder schlampig zusammengestellte Bewerbungsmappe vermittelt dem Unternehmen das Gefühl, die ausgeschriebene Stelle sei dir nicht wichtig. Hier einige Tipps, die dir helfen können:

Absatz 3

Besorge am besten schon heute einen Ordner, in dem du all die Dinge ablegst, die dir im Bewerbungsprozess nützlich sein können: Kopien deiner Schulzeugnisse, Bewerbungsfotos und Bestätigungen über Praktika, besuchte Arbeitsgemeinschaften und Wahlfächer. Auf diese Weise stellst du sicher, dass kein wichtiges Dokument verloren geht, du alles griffbereit hast und du schnell reagieren kannst, auch wenn du zufällig auf eine interessante Stellenausschreibung stößt und nicht viel Zeit für die Erstellung deiner Bewerbungsunterlagen hast.

Absatz 4

Eine Bewerbungsmappe besteht in der Regel aus drei Elementen: einem Deckblatt, einem Anschreiben und deinem Lebenslauf. Sinnvoll ist es meistens auch, Zeugnisse, Bestätigungen und Empfehlungen in einem Anhang zusammenzufassen.

Absatz 5

Wichtig ist, dass deine Bewerbungsmappe einheitlich und ansprechend gestaltet ist, sodass sie den Mitarbeitern des Unternehmens einen angenehmen Eindruck vermittelt. So verhinderst du, dass deine Bewerbung von Anfang an aussortiert und gar nicht erst ernsthaft geprüft wird. Das gelingt dir vor allem, indem du sorgfältig auf Rechtschreibung und Grammatik achtest und deine Arbeit von anderen Korrektur lesen lässt. Verwende dabei keine Abkürzungen und denke immer daran, dass du keinem Kumpel oder deiner besten Freundin schreibst. Sieze also den Adressaten und verwende Standardsprache.

Absatz 6

Um aus der Masse an Bewerbern herauszustechen, kannst du auch versuchen, deiner Bewerbung eine persönliche Note zu geben. Das ist vor allem bei Bewerbungen in kreativen Branchen sinnvoll. Übertreib es dabei aber nicht! Wenn du Zweifel hast oder unsicher bist, kannst du sicherlich einen deiner Lehrer fragen.

Schreiben

Sich um einen Praktikumsplatz bewerben

Arbeite mit einem Mitschüler zusammen. Bei dieser Aufgabe sollt ihr gegenseitig euer Textverständnis überprüfen. Dazu formuliert jeder drei Fragen zum Text. Formuliert offene Fragen, die sich nicht nur mit einem einzigen Wort beantworten lassen. Dann tauscht ihr eure Blätter aus und jeder beantwortet die Fragen des anderen. Überprüft die Antworten anschließend gemeinsam mithilfe des Textes.

Frage 1: _____

Antwort 1: _____

Frage 2: _____

Antwort 2: _____

Frage 3: _____

Antwort 3: _____

Sich um einen Praktikumsplatz bewerben

Gib die Nummer des Absatzes an, in dem du erfährst, …

↙ knicken

welche Dokumente du am besten schon heute für Bewerbungen sammelst.	3
wann du deinen Lehrer um Rat fragen solltest.	6
welche Vorteile ein Praktikum dir bietet.	1
wie du deine Bewerbungsmappe am besten gestaltest.	5
aus welchen Elementen eine Bewerbungsmappe besteht.	4
weshalb die Bewerbungsmappe so wichtig ist.	2

Schreiben

Sich um einen Praktikumsplatz bewerben

Finde für jeden der sechs Absätze eine passende Überschrift.

1. _____
2. _____
3. _____
4. _____
5. _____
6. _____

👥 Arbeite mit einem Mitschüler zusammen. Sucht im Internet nach misslungenen Bewerbungsunterlagen. Nutzt diese Beispiele und formuliert einen Regelkatalog für eure Mitschüler, was sie bei Bewerbungen auf keinen Fall tun sollen.

Sich um einen Praktikumsplatz bewerben

Fasse jeden der sechs Absätze in eigenen Worten knapp zusammen.

1. _____
   _____
2. _____
   _____
3. _____
   _____
4. _____
   _____
5. _____
   _____
6. _____
   _____

👥 Arbeite mit einem Mitschüler zusammen. Sucht im Internet nach Praktikumsbörsen. Verschafft euch einen Überblick und entscheidet euch für drei, dir ihr euren Mitschülern empfehlt. Begründet eure Auswahl.

Schreiben

Sich um einen Praktikumsplatz bewerben

Beschrifte das Anschreiben. Die Begriffe im Kasten helfen dir dabei.

> **A** Hinweis auf Anlagen   **B** Name und Anschrift des Unternehmens   **C** Betreff
> **D** Name und Anschrift des Absenders   **E** Datum des Anschreibens   **F** Anrede
> **G** Text   **H** Unterschrift   **I** Aufforderung zur Handlung   **J** Grußformel

---

Stefan Kurz
Sandgasse 11
80658 Marberg
s.kurz@yahoo.de   **1**

12.11.2018   **2**

Elektrofachgeschäft Bär
Frau Franziska Keller
Memelstraße 14   **3**
80381 Marberg

Bewerbung um einen Praktikumsplatz als Einzelhandelskaufmann   **4**

Sehr geehrte Frau Keller,   **5**

von Ihrem Mitarbeiter Marius Müller habe ich erfahren, dass Sie regelmäßig Praktikanten einen Einblick in die Welt des Elektrofachhandels geben. Da ich mich sehr stark für den Einzelhandel und auch für Elektronik interessiere, würde ich gerne ein Praktikum bei Ihnen machen.

Zurzeit besuche ich die 8. Klasse der Siemensschule in Marberg. Hier habe ich schon die Technik-AG besucht, um Erfahrungen mit Elektronikgeräten zu sammeln. Außerdem habe ich in den letzten Sommerferien bereits ein Praktikum im Einzelhandel gemacht. Dabei hatte ich Gelegenheit, mich im Umgang mit Kunden zu erproben und durfte viele Aufgaben eigenständig erledigen. Dieses Praktikum hat mich in meinem Wunsch bestätigt, den Einzelhandel noch besser kennenzulernen.   **6**

Ich würde mich freuen, wenn meine Bewerbung Ihr Interesse geweckt hat und ich Sie in einem Vorstellungsgespräch von meiner Eignung überzeugen darf.   **7**

Mit freundlichen Grüßen   **8**

Stefan Kurz   **9**

Anlagen   **10**

Lösung: 1D, 2E, 3B, 4C, 5F, 6G, 7I, 8J, 9H, 10A

Schreiben

Sich um einen Praktikumsplatz bewerben

Die Bewerbungsunterlagen sind deine persönliche Visitenkarte, mit der du dich vorstellst. Deshalb solltest du hier einige Dinge beachten. Streiche falsche Informationen.

a) Das Anschreiben darf *ruhig / nicht* länger als eine Seite sein.
b) Rechtschreibfehler sind *absolut in Ordnung / ein absolutes No-Go*.
c) Wenn du dich nicht als Deutschlehrer bewirbst, sind grammatische Fehler *verboten / erlaubt*.
d) Für jeden Praktikumsbetrieb solltest du *ein eigenes / das gleiche* Anschreiben verwenden.
e) Im Anschreiben erklärst du, *warum du dich bewirbst / wann du Urlaub brauchst*.
f) Im Anschreiben überzeugst du den Betrieb von dem, was du *willst / kannst*.

> a) ruhig / nicht; b) absolut in Ordnung / ein absolutes No-Go; c) verboten / erlaubt; d) ein eigenes / das gleiche; e) warum du dich bewirbst / wann du Urlaub brauchst; f) willst / kannst

 Arbeite mit einem Mitschüler zusammen. Begründet die einzelnen Aussagen.

Sich um einen Praktikumsplatz bewerben

Entziffere die Formulierungen für gelungene Bewerbungen.

> Vielen Dank für das freundliche Telefonat heute Vormittag. Wie angekündigt, erhalten Sie anbei meine Bewerbungsunterlagen.

_____

> Gern würde ich mich Ihnen persönlich vorstellen und Sie von meiner Eignung überzeugen.

_____

> Meine Erfahrungen während eines dreiwöchigen Praktikums haben mich darin bestärkt, dass dieser Beruf meinen Interessen und Fähigkeiten entspricht.

_____

> Eine Betriebsbesichtigung mit meiner Klasse in Ihrem Unternehmen hat mein Interesse geweckt.

_____

> Vielen Dank für das freundliche Telefonat heute Vormittag. Wie angekündigt erhalten Sie anbei meine Bewerbungsunterlagen. Gern würde ich mich Ihnen persönlich vorstellen und Sie von meiner Eignung überzeugen. Meine Erfahrungen während eines dreiwöchigen Praktikums haben mich darin bestärkt, dass dieser Beruf meinen Interessen und Fähigkeiten entspricht. Eine Betriebsbesichtigung mit meiner Klasse in Ihrem Unternehmen hat mein Interesse geweckt.

 Arbeite mit einem Mitschüler zusammen. Recherchiert gemeinsam im Internet nach guten Formulierungen für Bewerbungen. Stellt diese auf einem Plakat für eure Mitschüler zusammen.

Schreiben

Sich um einen Praktikumsplatz bewerben

Diese Formulierungen stammen aus verschiedenen Bewerbungen um Praktikumsplätze. Sie sind nicht gut gelungen. Verbessere sie.

knicken

Ich habe Ihnen ja schon am Telefon versprochen, Ihnen meine Bewerbungsunterlagen zuzusenden.		Wie telefonisch besprochen, erhalten Sie anbei meine Bewerbungsunterlagen.
Über eine Einladung zu einem Gespräch würde ich mich freuen.		Für ein persönliches Gespräch stehe ich Ihnen gerne zur Verfügung.
Ein Freund hat mir gesagt, dass Sie einen Praktikanten suchen.		Von einem Freund habe ich erfahren, dass Sie einen Praktikanten suchen.
Wenn Sie wollen, komme ich auch zu einem Bewerbungsgespräch vorbei.		Gerne stehe ich Ihnen für ein persönliches Gespräch zur Verfügung.
Mein letztes Praktikum als Zahnmedizinische Fachangestellte hat mir viel Spaß gemacht.		Mein letztes Praktikum hat mich davon überzeugt, dass der Beruf der Zahnmedizinischen Fachangestellten der richtige für mich ist.

Sich um einen Praktikumsplatz bewerben

Welche dieser Formulierungen haben im Anschreiben einer Bewerbung nichts zu suchen? Kreuze an.

a) ☐ Mein Lehrer möchte, dass wir alle Praktika machen.
b) ☐ Bezugnehmend auf unser Telefonat heute Vormittag, erhalten Sie anbei meine Bewerbungsunterlagen.
c) ☐ Von der Arbeitsagentur habe ich erfahren, dass Sie Praktikanten suchen.
d) ☐ Ich freue mich darauf, Ihnen die Gründe meiner Bewerbung in einem Vorstellungsgespräch näher zu erläutern.
e) ☐ Hiermit bewerbe ich mich mal bei Ihnen um einen Praktikumsplatz.
f) ☐ Ich würde gerne ein Praktikum als Pizzabäcker machen, weil ich gerne Pizza esse.
g) ☐ Während meines vierwöchigen Ferienjobs konnte ich gute Einblicke in den beruflichen Alltag eines Kfz-Mechatronikers gewinnen.
h) ☐ Schon lange interessiere ich mich für den Beruf des Lageristen.

Falsche Antworten sind: a, c, e, f.

Schreiben

Sich um einen Praktikumsplatz bewerben

Bei diesem Anschreiben ist einiges schiefgegangen. Lies es gründlich und notiere in der rechten Spalte die Fehler.

↙ knicken

Baumarkt Gartenfit   3.2.2018
Ohmstraße 11
57391 Baunach

Sebastian Rudy
Karlstraße 46
57291 Baunach

Sehr geerte Damen und Herren,

mit Interesse habe ich das Plakat gelesen, auf dem Sie um Praktikanten werben. Ihr Plakat hat mein Interesse geweckt, weil ich gerne handwerklich und mit Pflanzen arbeite.

Im Moment gehe ich in die 8. Klasse des coolen Schulzentrums am Fluss. Dabei besuche ich bewusst die AG Schulgarten, um möglichst viele Erfahrungen zu sammeln, die mir bei meinen Traumberufen Landschaftsgärtner oder Fachberater in einem Baumarkt helfen können. Nachdem ich vergangenes Jahr ein Praktikum als Landschaftsgärtner gemacht habe, möchte ich nun das Berufsfeld in einem Baumarkt kennen lernen.

Weil ich vom Baumarkt Fit&Mit eine Absage bekommen haben, bewerbe ich mich nun bei Ihnen.

Ich würde mich freuen, mich Ihnen in einem persönlichen Gespräch vorstellen zu dürfen.

Mit freundlichen Grüßen

Anlagen

Fehler (rechte Spalte):
- Adressen vertauscht
- Betreffzeile fehlt
- Rechtschreibfehler
- Wiederholung
- Umgangssprache
- ungünstige Aussage
- Unterschrift fehlt

 Arbeite mit einem Mitschüler zusammen. Schreibt Sebastians Bewerbung neu. Bessert dabei die Fehler aus.

Schreiben

Sich um einen Praktikumsplatz bewerben

Auch bei dir steht dieses Jahr ein wichtiges Betriebspraktikum an. Formuliere ein Anschreiben. Überlege zunächst, wo du ein Praktikum machen möchtest und finde die Adresse eines passenden Betriebs heraus. Fülle dann jedes Feld aus.

Dein Name und deine Adresse

Datum

Name und Anschrift des Betriebs

Betreffzeile

Sehr geehrte …,

Grund der Bewerbung

Schulbesuch

Bisherige Erfahrungen

Bitte um Vorstellungsgespräch

Grußformel

Unterschrift

Anlagen

Schreiben

Sich um einen Praktikumsplatz bewerben

Diese Checkliste hilft dir dabei, das Anschreiben eines Mitschülers zu verbessern.

**Überprüfe zunächst die Form des Anschreibens.
Kreuze die Punkte an, die du überprüft hast.**

- ☐ eigene Adresse
- ☐ Adresse des Betriebs
- ☐ Datum
- ☐ Betreffzeile
- ☐ grammatisch richtig
- ☐ keine Rechtschreibfehler
- ☐ Anrede und Ansprechpartner korrekt
- ☐ Unterschrift vorhanden

Überprüfe dann den Inhalt. Kreuze die Punkte an, die gelungen sind.

- ☐ Informationsquelle wird genannt.
- ☐ Angaben zur Person und/oder zur Schule werden genannt.
- ☐ Bisherige Erfahrungen werden ausgeführt.
- ☐ Die Eignung für den Beruf wird deutlich gemacht.
- ☐ Schlussformel ist passend.
- ☐ Auf die Anlagen wird verwiesen.

Was hat dir am Anschreiben deines Mitschülers gefallen? Wie kann er sein Anschreiben verbessern? Welche Tipps möchtest du ihm geben?

Das fand ich gelungen:	Das könntest du verbessern:

Diesen Tipp möchte ich dir geben:

_____

_____

Schreiben

Sich um einen Praktikumsplatz bewerben

1. Wenn deine schriftliche Bewerbung das Unternehmen überzeugt hat, hast du die erste Hürde genommen und du wirst zum Vorstellungsgespräch eingeladen. Bereite dich gründlich darauf vor, indem du einen Blick auf die Internetseite des Unternehmens wirfst und die folgenden Fragen beantwortest:

   Was tut dieses Unternehmen? Was produziert es?

   _____

   _____

   Worauf kann dieses Unternehmen besonders stolz sein?

   _____

   _____

   Wie viele Mitarbeiter hat es?

   _____

   _____

   Warum möchtest du gerade hier ein Praktikum machen?

   _____

   _____

2. Überlege dir Fragen zum Unternehmen, die du im Vorstellungsgespräch stellen kannst, um dein Interesse zu zeigen.

   a) _____

   _____

   b) _____

   _____

Sich um einen Praktikumsplatz bewerben

- Arbeite mit einem Mitschüler zusammen. Hier findet ihr typische Fragen, die in Vorstellungsgesprächen gerne gestellt werden. Überlegt gemeinsam, was ihr antworten könntet.
  - Warum bewerben Sie sich gerade bei unserem Unternehmen?
  - Was wissen Sie schon über uns?
  - Erzählen Sie doch mal etwas über sich.
  - Was sind Ihre größten Stärken und Schwächen?
  - Was sind Ihre Erwartungen an ein Praktikum?

Schreiben

Sich um einen Praktikumsplatz bewerben

Arbeite mit einem Mitschüler zusammen. Bringt den typischen Ablauf eines Vorstellungsgesprächs in die richtige Reihenfolge.

Tipp: Wichtig: Oft ist es bei einem Gespräch der erste Eindruck, der zählt. Deshalb solltest du zum Vorstellungsgespräch in ordentlicher Kleidung erscheinen.

- Klärung der persönlichen Situation des Bewerbers (Familie, Wohnort, Gründe für die Bewerbung, Berufswunsch)
- Abschluss des Gesprächs (Verabschiedung)
- Eröffnung des Gesprächs (Begrüßung, Vorstellung)
- Klärung der schulischen Situation (Schule, Noten, Lieblingsfächer, bisherige Praktika)
- Vorstellung der Praktikumsstelle (Informationen zum Unternehmen und zur Stelle)

Lösung (auf dem Kopf):
1. Eröffnung des Gesprächs (Begrüßung, Vorstellung)
2. Klärung der persönlichen Situation des Bewerbers (Familie, Wohnort, Gründe für die Bewerbung, Berufswunsch)
3. Klärung der schulischen Situation (Schule, Noten, Lieblingsfächer, bisherige Praktika)
4. Vorstellung der Praktikumsstelle (Informationen zum Unternehmen und zur Stelle)
5. Abschluss des Gesprächs (Verabschiedung)

Sich um einen Praktikumsplatz bewerben

1. Verbinde die Sätze sinnvoll und du erhältst Regeln für ein erfolgreiches Vorstellungsgespräch.

Auch wenn du nervös bist, …	oder damit kippeln.
Erscheine pünktlich und warte lieber einige Minuten vor der Firma, …	wenn du eine Frage nicht beantworten kannst.
Du bleibst so lange stehen, …	und reicht dir die Hand.
Lass dir lieber Zeit, bevor du eine Frage beantwortest, …	als dass du zu spät oder abgehetzt erscheinst.
Der Mitarbeiter des Unternehmens eröffnet das Gespräch …	solltest du nicht hektisch mit den Händen herumfuchteln.
Gib es offen zu, …	bis du gebeten wirst, Platz zu nehmen.
Du solltest nicht auf dem Stuhl lümmeln …	denn wenn du Unsinn erzählst, kannst du das Praktikum vergessen.

Lösung (auf dem Kopf):
Auch wenn du nervös bist, solltest du nicht hektisch mit den Händen herumfuchteln. Erscheine pünktlich und warte lieber einige Minuten vor der Firma, als dass du zu spät oder abgehetzt erscheinst. Du bleibst so lange stehen, bis du gebeten wirst, Platz zu nehmen. Lass dir lieber Zeit, bevor du eine Frage beantwortest, denn wenn du Unsinn erzählst, kannst du das Praktikum vergessen. Der Mitarbeiter des Unternehmens eröffnet das Gespräch und reicht dir die Hand. Gib es offen zu, wenn du eine Frage nicht beantworten kannst. Du solltest nicht auf dem Stuhl lümmeln oder damit kippeln.

2. Notiere die Regeln in deinem Heft.

Schreiben

Sich um einen Praktikumsplatz bewerben

Wie solltest du dich bei einem Vorstellungsgespräch verhalten? Setze einen Haken hinter jedes positive Verhalten und ein Kreuz hinter jedes Verhalten, das du im Vorstellungsgespräch vermeiden solltest.

↙ knicken

verschränkte Arme		✗
Hände in den Hosentaschen		✗
Blick zum Boden		✗
freundliche Miene und Blickkontakt		✓
Hand beim Sprechen vor dem Mund		✗
Hände liegen locker auf Stuhllehne oder Oberschenkel		✓
Blickkontakt zum Gesprächspartner halten		✓
Herumspielen an Schmuck und Kleidung		✗
Füße stehen fest auf dem Boden, kein Wippen		✓
deutliche Stimme mit angemessener Lautstärke		✓
sanftes Flüstern		✗

Sich um einen Praktikumsplatz bewerben

 Arbeite mit zwei anderen Mitschülern zusammen. Ihr bereitet in drei Schritten ein Vorstellungsgespräch vor, führt es durch und analysiert es zu Schluss. Geht so vor:

Schritt 1

Klärt gemeinsam, um welches Praktikum es im Vorstellungsgespräch gehen und bei welchem Unternehmen dies stattfinden soll.
Verteilt die Rollen und entscheidet, wer den Bewerber spielt, wer der Personalchef ist und wer die Rolle des Beobachters übernimmt.
Jeder liest für sich die Hinweise auf seiner Rollenkarte aufmerksam durch.

Schritt 2

Führt das Bewerbungsgespräch durch. Es soll zwischen 5 bis 10 Minuten dauern.

Schritt 3

Besprecht euer Bewerbungsgespräch nach folgendem Muster:
- Der Bewerber sagt, wie er sich gefühlt hat, was aus seiner Sicht gut gelaufen ist und was er hätte besser machen können.
- Der Personalchef sagt, ob er den Bewerber eingestellt hätte und begründet dies.
- Der Beobachter stellt seinen Beobachtungsbogen vor.

Schreiben

Sich um einen Praktikumsplatz bewerben

Rollenkarte: Personalchef

© Picture-Factory – Fotolia.com

1. **Du bist in deinem Unternehmen für die Vergabe der Praktikumsplätze verantwortlich und hast gleich ein Gespräch mit einem interessanten Bewerber. Achte dabei auf Folgendes:**
   - Du bist es, der das Gespräch eröffnet. Geh auf den Bewerber zu. Gib ihm die Hand, begrüße ihn und stelle dich vor. Frage ihn, ob er den Weg zu dir leicht gefunden hat. Biete ihm einen Platz an.
   - Kläre die persönliche Situation des Bewerbers, indem du dich nach seiner Familie und seinem Wohnort erkundigst. Frage auch nach den Gründen für die Bewerbung und weshalb er gerade in deinem Unternehmen ein Praktikum machen will.
   - Kläre die schulische Situation, indem du dich über seine Noten, bisherigen Praktika und die besuchten AGs informierst.
   - Erkläre ihm kurz, was ihn bei dem Praktikum erwartet und welche Aufgaben er zu erledigen hätte. Erkundige dich, ob er noch Fragen hat.
   - Verabschiede dich von ihm und versprich ihm, dass er von dir hören wird.

2. **Notiere dir fünf Fragen, die du dem Bewerber stellen kannst. Wenn du Hilfe brauchst, kannst du den Beobachter hinzuziehen.**

   a) _____

   b) _____

   c) _____

   d) _____

   e) _____

Schreiben

Sich um einen Praktikumsplatz bewerben

Rollenkarte: Bewerber

© Picture-Factory – Fotolia.com

1. **Du bewirbst dich um ein Praktikum in einem Unternehmen, in dem du nach der Schulzeit gerne eine Ausbildung machen würdest. Deshalb ist dieses Praktikum für dich besonders wichtig. Gleich hast du ein Vorstellungsgespräch mit dem Personalchef. Achte dabei auf Folgendes:**

- Begrüße den Personalchef, gib ihm aber nur die Hand, wenn er sie dir reicht. Stell dich vor und bedanke dich für die Einladung. Setze dich erst dann, wenn er dir einen Platz anbietet.
- Im Gespräch stellst du dich vor und begründest deine Bewerbung.
- Erkläre, was für dich als Bewerber spricht und weshalb du im Praktikum mit Sicherheit gute Leistungen bringen wirst.
- Erkläre ihm kurz, was du dir von einem Praktikum erhoffst.
- Verabschiede dich vom Personalchef und erkundige dich, bis wann die Entscheidung für einen Bewerber getroffen werden wird.

2. **Notiere dir hier fünf Fragen, die du dem Personalchef stellen kannst, um dein Interesse zu zeigen. Wenn du Hilfe brauchst, kannst du den Beobachter hinzuziehen.**

   a) _____

   b) _____

   c) _____

   d) _____

   e) _____

Schreiben

Sich um einen Praktikumsplatz bewerben

Beobachte den Bewerber während des Gesprächs genau. Kreuze für jedes Kriterium deine Einschätzung an.

Verhalten und Erscheinungsbild

	trifft vollkommen zu	trifft etwas zu	trifft weniger zu	trifft absolut nicht zu
aufrechte Körperhaltung				
ruhige, entspannte Körpersprache				
hält Blickkontakt				
höflich und freundlich				
angemessene Kleidung				

Ausdrucksweise und Argumentation

	trifft vollkommen zu	trifft etwas zu	trifft weniger zu	trifft absolut nicht zu
spricht ruhig und deutlich				
redet flüssig und in ganzen Sätzen				
lässt den Personalchef ausreden				
betont das Gesagte durch Mimik und Gestik				
begründet seine Äußerungen				

Sonstiges

	trifft vollkommen zu	trifft etwas zu	trifft weniger zu	trifft absolut nicht zu
hört aufmerksam zu				
hat sich bereits über den Betrieb informiert				
stellt Fragen				
wirkt selbstbewusst und sicher				

Hier kannst du deinem Mitschüler eine direkte Rückmeldung geben:

Das fand ich gut:	Das könntest du verbessern:

Schreiben

Sich um einen Praktikumsplatz bewerben

Wegen der Nervosität in der ungewohnten Situation fällt es in Bewerbungsgesprächen häufig schwer, selbst einfache Fragen zu beantworten. Deshalb ist es sinnvoll, dies vorher zu üben.

 Arbeite mit mehreren Mitschülern zusammen. Jeder erklärt kurz, welches Praktikum er gerne machen würde. Anschließend mischt ihr die Kärtchen gründlich durch und platziert sie auf dem Tisch. Dann habt ihr zwei Möglichkeiten:

Variante 1

- Der jüngste Spieler beginnt und zieht eine Karte. Laut liest er die Frage vor.
- Anschließend beantwortet er sie …
  - vollständig und in mehreren ganzen Sätzen,
  - logisch und verständlich,
  - höflich und freundlich.
- Seine Mitschüler geben ihm Feedback. Wenn seine Antwort ihrer Meinung nach gelungen ist, darf er die Karte behalten.
- Danach kommen im Uhrzeigersinn die anderen Spieler an die Reihe.
- Sieger ist, wer die meisten Karten gesammelt hat.

Variante 2

- Der jüngste Spieler beginnt und zieht eine Karte, legt diese offen auf den Tisch und liest die Frage laut und deutlich vor.
- Anschließend zählt er langsam und leise bis zehn und gibt den anderen etwas Zeit zum Nachdenken.
- Dann wählt er einen Mitspieler aus, der die Frage beantwortet. Dieser spricht …
  - vollständig und in mehreren ganzen Sätzen,
  - logisch und verständlich,
  - höflich und freundlich.
- Seine Mitschüler geben ihm Feedback. Wenn seine Antwort ihrer Meinung nach gelungen ist, darf er die Karte behalten.
- Danach deckt er eine Karte auf und wählt einen Mitschüler aus.
- Sieger ist, wer die meisten Karten gesammelt hat.

Schreiben

Sich um einen Praktikumsplatz bewerben

Warum bewerben Sie sich um diese Praktikumsstelle?	Welcher andere Beruf kommt für Sie noch infrage?	Warum haben Sie sich gerade bei uns beworben?
Bei welchem Unternehmen haben Sie sich noch beworben?	Möchten Sie in diesem Beruf später eine Ausbildung machen?	Was unternehmen Sie, wenn Sie in diesem Beruf keinen Ausbildungsplatz bekommen?
Was wissen Sie schon über diesen Beruf?	Welche Vorteile hat der Beruf für Sie?	Was ist in Ihren Augen eher ein Nachteil des Berufes?
Warum meinen Sie, für diesen Beruf geeignet zu sein?	Haben Sie bereits Praktika absolviert?	Welche Erfahrungen haben Sie bei Ihren bisherigen Praktika gemacht?
Was ist Ihr Lieblingsfach in der Schule? Warum?	Welches Schulfach liegt Ihnen weniger? Warum?	Wie kommen Ihre schlechten Noten im letzten Zeugnis zustande?
Was machen Sie in Ihrer Freizeit?	Welche Hobbys haben Sie?	Sind Sie in einem Verein aktiv?
Lesen Sie regelmäßig eine Tageszeitung? Welche?	Wie hieß das letzte Buch, das Sie gelesen haben?	Was ist Ihre größte Schwäche?
Was ist Ihre größte Stärke?	Wenn Sie drei Wünsche frei hätten, welche wären das?	Ihr Vorgesetzter möchte, dass Sie Überstunden machen und nach Feierabend länger arbeiten. Wie reagieren Sie?

Schreiben

Kreatives Schreiben

Es gibt viele Wege, kreative Texte zu verfassen. Die folgende Tabelle gibt dir einen Überblick. Kreuze die Aufgaben an, die du schon erledigt hast. Bewerte sie: Welche hat dir gefallen, welche hat dir weniger Freude gemacht? Wie zufrieden bist du mit deinem Ergebnis?

Nr.	Titel	Bewertung der Aufgabe	Zufriedenheit mit dem Ergebnis	Begründung
1	Dank an etwas Liebgewonnenes	☺ 😐 ☹	☺ 😐 ☹	
2	Gedicht zum Thema Zukunft	☺ 😐 ☹	☺ 😐 ☹	
3	Befürchtungen	☺ 😐 ☹	☺ 😐 ☹	
4	Brief an mein zukünftiges Ich	☺ 😐 ☹	☺ 😐 ☹	
5	Nur noch kurz die Welt retten	☺ 😐 ☹	☺ 😐 ☹	
6	Schrei so laut du kannst	☺ 😐 ☹	☺ 😐 ☹	
7	Hochstapler	☺ 😐 ☹	☺ 😐 ☹	
8	Meine Empfindungen	☺ 😐 ☹	☺ 😐 ☹	
9	Collage zum Thema Zukunft	☺ 😐 ☹	☺ 😐 ☹	

Kreatives Schreiben – Dank an etwas Liebgewonnenes

Manchmal vergessen wir im Alltag, für die vielen kleinen Freuden des Lebens dankbar zu sein.

Zielsetzung:
Bei dieser Übung hältst du einen Moment inne und nimmst die Dinge in deinem Leben bewusst wahr. Dinge, die du sonst vermutlich als selbstverständlich ansiehst, die dein Leben aber angenehm machen.

Anleitung – Gehe in zwei Schritten vor:
- Wähle ein bis drei Dinge aus, die dein Leben wirklich angenehm machen, die dir regelmäßig eine Freude bereiten. Am besten schließt du dazu die Augen und spielst im Kopf einen ganz normalen Tag in deinem Leben durch. Du beginnst mit dem Aufstehen am Morgen und endest mit dem Zubettgehen am Abend.
- Richte nun an jedes dieser Dinge ein kurzes Dankeschön. Schreibe jeweils drei bis vier Sätze. Erkläre dabei auch, weshalb diese Dinge deinen Dank verdient haben.

Arbeitszeit: ca. 20 Minuten

Schreiben

Kreatives Schreiben – Gedicht zum Thema Zukunft

Viele Menschen machen sich kaum Gedanken über die eigene Zukunft. Für sie liegt diese in weiter Ferne und sie verdrängen jeden Gedanken daran.

Zielsetzung:
Bei dieser Übung nimmst du dir bewusst etwas Zeit, um über deine Zukunft nachzudenken. Hier kann es um Wünsche, Träume und Hoffnungen, aber auch um konkrete Pläne oder Ängste und Befürchtungen gehen.

Anleitung – Gehe in zwei Schritten vor:

- Zunächst nimmst du dir etwa 10 Minuten Zeit und notierst auf einem Blatt Papier die Überschrift *Meine Zukunft*. Anschließend notierst du darunter alle Wörter oder Sätze, die dir einfallen. Du kannst auch Bilder dazu malen oder mit Zeichen und Abkürzungen arbeiten. Alternativ kannst du eine Mindmap gestalten.
- Danach markierst du in deinen Notizen wichtige Elemente und gestaltest mit diesen ein *Gedicht* zu deiner ganz persönlichen Zukunft. Die drei folgenden Baupläne können dir dabei helfen.

```
Elfchen
1 Wort
2 Wörter
3 Wörter
4 Wörter
1 Wort
```

```
Haiku
5 Silben
7 Silben
5 Silben
```

```
freies Gedicht
mit oder ohne Reim
mit oder ohne Strophen
```

Arbeitszeit: ca. 20 Minuten

Kreatives Schreiben – Befürchtungen

Ängste und Befürchtungen haben alle Menschen, aber nur die wenigsten setzen sich mit diesen auseinander. Das ist schade, da viele Ängste bei genauer Betrachtung ihren Schrecken verlieren.

Zielsetzung:
Beim Schreiben des Textes geht es darum, eine deiner Ängste zu entzaubern und ihr den Schrecken zu nehmen, indem du sie rational, das heißt mit Logik und Vernunft, analysierst.

Anleitung – Gehe in zwei Schritten vor:

- Entscheide dich für eine Sache, die dir große Angst einjagt, und schreibe dir all deine Gefühle von der Seele. Wenn du beispielsweise Angst vor einer Fahrt mit der Achterbahn hast, kannst du das flaue Gefühl im Magen und die Angst vor einem technischen Defekt oder dem Absturz eines Wagens beschreiben.
- In einem zweiten Schritt sammelst du Argumente, die gegen deine Ängste sprechen und versuchst, dich selbst davon zu überzeugen, dass deine Angst unbegründet ist. Du könntest beispielsweise argumentieren, dass auf dem Münchner Oktoberfest noch nie eine Achterbahn entgleist ist.

Arbeitszeit: ca. 20 Minuten

Schreiben

Kreatives Schreiben – Brief an mein zukünftiges Ich

Wie mag dein Leben in 20 Jahren aussehen? Was möchtest du bis dahin erlebt, gesehen, geleistet und erreicht haben? Heute hast du die Gelegenheit, einen Brief an dich selbst zu schreiben, den du erst in der Zukunft lesen darfst.

Zielsetzung:
Wenn du einen Brief an dich selbst schreibst, wirst du automatisch gezwungen, dir Gedanken über deine Zukunft, aber auch über deine Stärken und Schwächen, Pläne, Träume und Ziele im Leben zu machen.

Anleitung:
Verfasse einen formalen Brief. Er soll Absender und Empfänger, Datum und Anrede haben und sogar mit einer Schlussformel und deiner Unterschrift enden. Außerdem musst du festlegen, ob du ihn in zwei, fünf oder zehn Jahren öffnen und lesen darfst.
- In diesem Brief wendest du dich an dein zukünftiges Ich und erzählst ihm von deinen Zielen und Visionen.
- Du kannst deinen Brief in die Bereiche Beruf, persönliche Entwicklung, Familie, Freunde und Freizeit gliedern.
- Mach dir mit diesem Brief bewusst, was sich in deinem zukünftigen Leben alles ändern wird, was du hinter dir lassen wirst und was neu hinzukommen wird.

Nachdem du deinem zukünftigen Ich geschrieben hast, verschließt du den Brief und legst ihn an einen sicheren Ort, an dem du ihn mit Sicherheit wiederfinden wirst.

Arbeitszeit: ca. 60 Minuten (Du kannst auch an mehreren Tagen daran arbeiten.)

Kreatives Schreiben – Nur noch kurz die Welt retten

Tim Bendzko singt: „Muss nur noch kurz die Welt retten", und genau das sollst auch du tun. Zumindest in deinen Gedanken und Texten.

Zielsetzung:
Jeder von uns kann die Welt ein Stück weit besser machen, auch ohne Superkräfte. Heute schlüpfst du aber in die Haut eines Superhelden und überlegst, was du ändern würdest.

Anleitung:
- Stimme dich zunächst in diese Aufgabe ein, indem du den Song: „Nur noch kurz die Welt retten" von Tim Bendzko anhörst.
- Nimm dir anschließend einen Moment Zeit und überlege, was du an dieser Welt verbessern würdest, wenn du Superkräfte hättest.
- Beschreibe deine Ideen in einem Text. Vielleicht fällt es dir sogar leichter, deine Ideen in Gedichtform zu Papier zu bringen.

Arbeitszeit: ca. 30 Minuten

Schreiben

Kreatives Schreiben – Schrei so laut du kannst

Das bekannte Bild „Der Schrei" von Edvard Munch soll dich dazu verleiten, einen eigenen Text zu verfassen.

Zielsetzung:
Zwischen Schule, Lernstress und Prüfungen geht unsere Fantasie und Kreativität häufig ein Stück weit verloren. Diese Aufgabe hilft dir, sie wieder zu wecken.

Anleitung:
Nimm dir einige Minuten Zeit und betrachte das Bild „Der Schrei" genau. Anschließend verfasst du einen Text dazu. Dabei entscheidest du über Inhalt und Form.

Wenn du nicht weißt, wie du beginnen sollst, helfen dir diese Fragen:
- Warum schreit diese Figur?
- Was ist geschehen?
- Wo befindet sie sich?
- Weshalb schreien Menschen?
- Wann würdest du am liebsten schreien?
- Wer hört diesen Schrei?

Arbeitszeit: ca. 30 Minuten

© Edvard Munch, gemeinfrei

Kreatives Schreiben – Hochstapler

Lügen haben kurze Beine, doch Baron von Münchhausen erzählte die wildesten Lügenmärchen und unterhielt die Menschen damit. So flog er angeblich auf einer Kanonenkugel über eine Stadtmauer oder ritt auf einem halben Pferd durch die Lande. Solche Geschichten darfst du bei dieser Aufgabe auch verfassen.

Zielsetzung:
Zwischen Schule, Lernstress und Prüfungen geht unsere Fantasie und Kreativität häufig ein Stück weit verloren. Diese Aufgabe hilft dir, sie wieder zu wecken. Außerdem übst du dabei, zu argumentieren und andere mit Worten zu überzeugen.

© Boris Braun

Anleitung:
- Wenn du Baron Münchhausen nicht kennst, suchst du seine Erzählungen am besten im Internet und schmökerst etwas darin.
- Überlege dir anschließend eine Lügengeschichte, die zu deinem Leben passt und die du erzählen könntest. Schreibe diese auf.
- Achte darauf, dass diese in sich logisch ist und auf den Leser glaubwürdig wirkt. Versuche, die Leser mit deinem Text davon überzeugen, dass die Geschichte sich tatsächlich so zugetragen hat, obwohl sie eigentlich unmöglich ist.

Arbeitszeit: ca. 35 Minuten

Schreiben

Kreatives Schreiben – Meine Empfindungen

Häufig achten wir nicht auf unsere Gefühle und Empfindungen. Diese Aufgabe gibt dir die Gelegenheit, das einmal ganz bewusst zu tun.

Zielsetzung:
Im hektischen Alltag haben wir nur selten die Chance, innezuhalten und wahrzunehmen, was wir fühlen. Genau darum geht es in dieser Aufgabe.

Anleitung:
- Am besten benutzt du bei dieser Aufgabe dein Mobiltelefon und einen Kopfhörer. Suche im Internet nach dem Begriff „Klassische Musik" und wähle ein Stück, das dein Interesse weckt.
- Lege Papier und Stift bereit.
- Setze nun den Kopfhörer auf und starte die Musik.
- Lehne dich entspannt in deinem Stuhl zurück, schließe deine Augen und lausche der Musik.
- Nach einigen Minuten beginnst du zu schreiben. Notiere all das, was dir in den Sinn kommt: Gefühle, Empfindungen oder ganz konkrete Gedanken. Die Musik sollte dabei weiterlaufen.

Arbeitszeit: ca. 20 Minuten

Kreatives Schreiben – Collage zum Thema Zukunft

Manchmal fällt es schwer, die eigenen Wünsche, Träume und Zukunftspläne in Worte zu fassen. Deshalb lässt sich diese Aufgabe lösen, ohne dass du ein Wort schreiben musst.

Zielsetzung:
In unserem stressigen Alltag haben wir nur selten die Gelegenheit, innezuhalten und in Ruhe über unsere Zukunft nachzudenken. Genau darum geht es bei dieser Aufgabe.

Anleitung:
- Bevor du beginnst, legst du ein großes Blatt (mindestens DIN A3, besser noch größere Plakate), Zeitschriften, Kleber und Schere bereit.
- Nun sollst du malen, kleben und vielleicht auch schreiben, wie du dir deine Zukunft vorstellst.
- Bringe deine Wünsche, Träume und Zukunftspläne zu Papier und gestalte ein großes Bild.

Arbeitszeit: mindestens 60 Minuten

© Yantra – Fotolia.com

Schreiben

Rechtschreibung – Fach- und Fremdwörter

1. **Viele Nomen (Hauptwörter) aus anderen Sprachen erkennst du an der Wortendung. Ergänze zu jeder Endung drei weitere Wörter. Ein Fremdwörterbuch hilft dir.**

   -ie   Demokratie _____

   -ion   Diskussion _____

   -ist   Komponist   _____

   -eur   Amateur   _____

   -tor   Diktator   _____

   -ität   Identität   _____

   -ine   Maschine   _____

2. **Entziffere die Regeln zur Groß- und Kleinschreibung bei mehrteiligen Nomen aus anderen Sprachen.**

   > Bei mehrteiligen Nomen werden das erste Wort und alle weiteren Nomen großgeschrieben.

3. **Wende die Regel an und ergänze die fehlenden Buchstaben:**

   Wir lösen eine __ultiple-__hoice-__ufgabe.

   Wir essen ein __ordon __leu.

   Wir sprechen über __cience-__iction-__omane.

   > Multiple-Choice-Aufgabe, Cordon bleu, Science-Fiction-Romane

Rechtschreibung – Fach- und Fremdwörter

Viele Wörter aus anderen Sprachen erkennst du an der Wortendung. Ergänze zu jeder Endung drei weitere Wörter. Ein Fremdwörterbuch hilft dir.

Nachsilben bei Verben (Zeitwörter)

-ieren: registrieren _____

Nachsilben bei Adjektiven (Eigenschaftswörter)

-iell: speziell   _____

-iv   kreativ   _____

-ös   porös   _____

-al   kollegial _____

Schreiben

Rechtschreibung – Fach- und Fremdwörter

Finde im Suchsel die sechs Fremdwörter. Notiere sie.

H	Z	B	Ö	B	Ä	U	V	T	Y	S	Y	B
W	D	I	S	K	U	T	I	E	R	E	N	L
E	Z	G	I	S	Y	L	Z	N	N	R	X	A
X	N	P	R	O	D	U	K	T	I	O	N	M
T	G	D	E	M	O	K	R	A	T	I	E	A
R	Q	Ö	L	A	H	P	C	H	Y	Q	B	G
E	P	O	L	I	T	I	S	C	H	E	R	E
M	M	G	H	I	A	T	T	U	G	Ö	V	M

(Lösung: Demokratie, politisch, Blamage, extrem, diskutieren, Produktion)

 Arbeite mit einem Mitschüler zusammen. Was bedeuten diese Wörter? Wie spricht man sie aus? Schlagt in einem Wörterbuch nach, wenn ihr euch nicht sicher seid.

Rechtschreibung – Fach- und Fremdwörter

Unterstreiche im folgenden Text die acht Fremdwörter.

Das extreme Unwetter verursachte überall in der Stadt starkes Chaos. Die Redaktion der örtlichen Zeitung schickte all ihre Reporter aus, um sich einen Überblick zu verschaffen. Einer führte sogar ein Interview mit einem Politiker, um zu erfahren, was dieser den Bewohnern der Stadt empfiehlt. Der Gesprächspartner argumentierte, man müsse sich aufgrund der Erderwärmung auf immer stärkere Stürme einstellen. Seine Philosophie sei es, die Erderwärmung zu stoppen und so Unwetter zu verhindern.

Arbeite mit einem Mitschüler zusammen. Was bedeuten die Wörter? Wie spricht man sie aus? Schlagt in einem Wörterbuch nach. Notiert die Wörter und die Erklärungen aus dem Wörterbuch.

_____

_____

_____

_____

(Lösung: extreme, Chaos, Redaktion, Reporter, Interview, Politiker, argumentierte, Philosophie)

Schreiben

Rechtschreibung – Fach- und Fremdwörter

Finde im Suchsel die acht Fremdwörter. Notiere sie.

P	Q	H	I	E	R	A	R	C	H	I	E	H
U	E	R	E	G	U	L	I	E	R	E	N	L
V	N	I	X	W	R	H	Y	T	H	M	U	S
D	D	I	K	T	A	T	U	R	Z	V	Y	M
D	Ä	F	O	K	C	J	Q	T	A	V	E	M
P	I	H	A	N	G	X	V	T	L	J	T	X
K	O	N	T	R	O	L	L	I	E	R	E	N
C	V	K	O	O	P	E	R	I	E	R	E	N
E	X	T	R	E	M	I	S	T	I	S	C	H

(Lösung: Diktatur, regulieren, Rhythmus, Union, extremistisch, Hierarchie, kontrollieren, kooperieren)

👥 **Arbeite mit einem Mitschüler zusammen. Was bedeuten die Wörter? Wie spricht man sie aus? Erklärt euch die Wörter gegenseitig. Schlagt in einem Wörterbuch nach, wenn ihr euch nicht sicher seid.**

Rechtschreibung – Fach- und Fremdwörter

1. **Unterstreiche im folgenden Text die zehn Fremdwörter.**

   Der Experte gab bereitwillig ein Interview und analysierte das Geschehen auf dem Spielfeld präzise. Das Fundament für den Sieg wurde bereits in der ersten Halbzeit gelegt, als das Team der Heimmannschaft den Gegner bereits frühzeitig attackierte. In der zweiten Halbzeit reichte dann eine massive Defensive, um den Vorsprung über die Zeit zu bringen. Auch sprach er von einer taktischen Meisterleistung.

2. **Ordne die Fremdwörter in die passende Spalte der Tabelle ein.**

Nomen	Verben	Adjektive

(Lösung: Nomen: Experte, Interview, Fundament, Team, Defensive; Verben: analysierte, attackierte; Adjektive: präzise, massive, taktischen)

👥 **Arbeite mit einem Mitschüler zusammen. Was bedeuten die Wörter? Wie spricht man sie aus? Schlagt in einem Wörterbuch nach, wenn ihr euch nicht sicher seid. Welche der gefundenen Wörter haben eine schwierige Schreibweise? Besprecht euch.**

Schreiben

Rechtschreibung – Fach- und Fremdwörter

Finde im Suchsel die zwölf Fremdwörter. Notiere sie.

D	T	R	A	N	S	P	O	R	T	X	H
I	E	O	P	E	R	I	E	R	E	N	B
V	X	D	P	S	Z	A	Z	G	K	P	G
I	P	D	E	F	I	N	I	T	I	O	N
D	E	P	R	O	D	U	K	T	I	V	H
I	R	R	E	F	L	E	X	I	O	N	C
E	T	A	R	E	A	L	N	N	E	E	P
R	E	G	E	N	E	R	I	E	R	E	N
E	P	K	O	M	M	U	N	I	O	N	N
N	R	A	D	I	K	A	L	D	A	P	Q
K	O	A	L	I	T	I	O	N	R	C	I

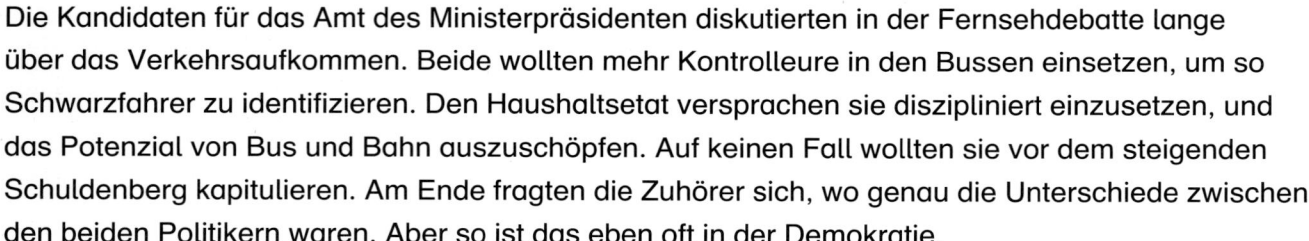

D	T	R	A	N	S	P	O	R	T		
I	E	O	P	E	R	I	E	R	E	N	
V	X										
I	P	D	E	F	I	N	I	T	I	O	N
D	E	P	R	O	D	U	K	T	I	V	
I	R	R	E	F	L	E	X	I	O	N	
E	T	A	R	E	A	L					
R	E	G	E	N	E	R	I	E	R	E	N
E		K	O	M	M	U	N	I	O	N	
N	R	A	D	I	K	A	L				
K	O	A	L	I	T	I	O	N			

Transport, Kommunion
dividieren, Areal,
operieren, produktiv,
radikal, regenerieren,
Definition, Experte,
Reflexion, Koalition,

Arbeite mit einem Mitschüler zusammen. Was bedeuten die Wörter? Wie spricht man sie aus? Schlagt in einem Wörterbuch nach, wenn ihr euch nicht sicher seid. Unterstreicht in den gefundenen Wörtern die Stellen, die sich besonders schwierig schreiben lassen.

Rechtschreibung – Fach- und Fremdwörter

1. Unterstreiche im folgenden Text die zwölf Fremdwörter.

Die Kandidaten für das Amt des Ministerpräsidenten diskutierten in der Fernsehdebatte lange über das Verkehrsaufkommen. Beide wollten mehr Kontrolleure in den Bussen einsetzen, um so Schwarzfahrer zu identifizieren. Den Haushaltsetat versprachen sie diszipliniert einzusetzen, und das Potenzial von Bus und Bahn auszuschöpfen. Auf keinen Fall wollten sie vor dem steigenden Schuldenberg kapitulieren. Am Ende fragten die Zuhörer sich, wo genau die Unterschiede zwischen den beiden Politikern waren. Aber so ist das eben oft in der Demokratie.

2. Ordne die Fremdwörter in die passende Spalte der Tabelle ein.

Nomen	Verben	Adjektive

Nomen: Kandidaten, Ministerpräsidenten, Fernsehdebatte, Kontrolleure, Haushaltsetat, Potenzial, Politikern, Demokratie; Verben: diskutierten, identifizieren, kapitulieren; Adjektive: diszipliniert

Arbeite mit einem Mitschüler zusammen. Was bedeuten die Wörter? Wie spricht man sie aus? Schlagt in einem Wörterbuch nach, wenn ihr euch nicht sicher seid. Findet zu den Wörtern weitere Beispiele aus denselben Wortfamilien.

Schreiben

Rechtschreibung – Fach- und Fremdwörter

Ordne die Wortbestandteile so, dass sinnvolle Wörter entsteht.

| -nismus | kapi- | Präven- | Sub- | Kul- | -tur | Initi- | addie- | -ren |
| -ative | auto- | -tulieren | -ritär | -tion | Mecha- | -traktion | | |

[Lösung kopfüber:] kapitulieren, addieren, Subtraktion, Kultur, Initiative, autoritär, Prävention, Mechanismus

👥 **Arbeite mit einem Mitschüler zusammen. Schlagt die Wörter im Fremdwörterbuch nach. Könnt ihr die Bedeutung auch in eigenen Worten erklären?**

Rechtschreibung – Fach- und Fremdwörter

Sortiere die Wörter im Kasten richtig in die Tabelle ein. Unterstreiche jeweils die Endsilbe.

| Aggression | demonstrieren | Mechanismus | kombinieren | identifizieren |
| Maschine | operieren | Nationalität | | |

Hauptwörter (Nomen)	Zeitwörter (Verben)

[Lösung kopfüber:] Hauptwörter (Nomen): Aggression, Mechanismus, Maschine, Nationalität / Zeitwörter (Verben): demonstrieren, kombinieren, identifizieren, operieren

👥 **Arbeite mit einem Mitschüler zusammen. Entscheidet euch für mindestens drei der Wörter und bildet je einen sinnvollen Satz damit.**

Schreiben

Rechtschreibung – Fach- und Fremdwörter

Ergänze die Lücken zu einem Wort, das sinnvoll in den Satz passt. Die Wortteile im Kasten helfen dir.

> tier   ti   rian   die   form

Diese In_____ation hätte ich gerne schon früher gehabt.

Wenn wir jetzt auch noch das nächste Spiel gewinnen, wäre das wirklich op_____mal.

Wir müssen nach dem Weg fragen, denn ich habe die Orien_____ung verloren.

Noch haben wir keine Entscheidung getroffen, aber wir ten_____ren dazu, nicht in Urlaub zu fahren.

Die Va_____te, erst eine Ausbildung zu machen und dann um die Welt zu reisen, ist wohl sinnvoller.

> Information, optimal, Orientierung, tendieren, Variante

Arbeite mit einem Mitschüler zusammen. Formuliert weitere Lückensätze, die eure Mitschüler mit Fremdwörtern ergänzen sollen.

Rechtschreibung – Fach- und Fremdwörter

Sortiere die Wörter im Kasten richtig in die Tabelle ein. Unterstreiche jeweils die Endsilbe.

> aktiv   Definition   prinzipiell   akzeptabel   tolerieren   Garantie   integrieren   interpretieren   Emotion

Nomen	Verben	Adjektive

> Nomen: Definition, Garantie, Emotion; Verben: tolerieren, integrieren, interpretieren
> Adjektive: aktiv, prinzipiell, akzeptabel

Arbeite mit einem Mitschüler zusammen. Ergänzt die folgenden Merkhilfen:

Nomen aus anderen Sprachen enden im Deutschen oft auf _____.

Verben aus anderen Sprachen enden im Deutschen oft auf _____.

Adjektive aus anderen Sprachen enden im Deutschen oft auf _____.

> Nomen aus anderen Sprachen enden im Deutschen oft auf -ion oder -ie.
> Verben aus anderen Sprachen enden im Deutschen oft auf -ieren.
> Adjektive aus anderen Sprachen enden im Deutschen oft auf -iv, -iell oder -abel.

Schreiben

Rechtschreibung – Fach- und Fremdwörter

Ergänze die Lücken zu einem Wort, das sinnvoll in den Satz passt.

d_k_d_ntes: Ludwig XIV. führte ein _____ Leben, während viele seiner Bürger Hunger litten.

K_mm_ss_r: Der _____ ermittelt in einem Mordfall.

v_r_f_z__r_n: Nicht jede Meldung im Internet entspricht der Wahrheit. Deshalb sollte man wichtige Meldungen erst _____, bevor man sie glaubt.

_l_q__nt: Mein Schwager kann sehr gut mit Worten umgehen. So _____ wie er ist, verkauft er selbst einem Wüstenbewohner eine Heizung.

P_rl_m_nt: Das _____ verabschiedet sich in die Sommerpause.

_mb_t__n_n: Unser neuer Lehrer scheint _____ zu haben. Bestimmt will er Rektor werden.

> dekadentes, Kommissar, verifizieren, eloquent, Parlament, Ambitionen

Arbeite mit einem Mitschüler zusammen. Bildet weitere Sätze mit den Fremdwörtern.

Rechtschreibung – Fach- und Fremdwörter

Bilde Wörter und trage diese in die richtige Tabellenspalte ein.

Con-	Konzen-	-rös	maxi-	-tanz	-tainer	homo-	-vil	-tration
-gen	reflek-	Lexi-	-tieren	-kon	-dieren			
zi-	pas-	-siv	po-	kapi-	-tulieren	divi-	-mieren	Dis-

Nomen	Verben	Adjektive

> Nomen: Distanz, Lexikon, Konzentration, Container; Verben: kapitulieren, dividieren, reflektieren, maximieren; Adjektive: zivil, passiv, porös, homogen

Arbeite mit einem Mitschüler zusammen. Bildet sinnvolle Sätze mit den Fremdwörtern. Schlagt im Zweifelsfall die Bedeutung der Wörter im Fremdwörterbuch nach.

Schreiben

Rechtschreibung – Fach- und Fremdwörter

Häufig erkennst du Nomen, die aus anderen Sprachen stammen, an ihren Wortendungen. Finde möglichst viele Nomen mit den beiden Endungen -age und -ion.

(-age): Sabot-, ...

(-ion): ...

👥 Arbeite mit einem Mitschüler zusammen. Sucht nach weiteren typischen Endungen für Nomen aus anderen Sprachen. Entwerft damit ähnliche Übungen, mit denen eure Mitschüler üben können.

Rechtschreibung – Fach- und Fremdwörter

Häufig erkennst du Adjektive, die aus anderen Sprachen stammen, an ihren Endungen. Finde möglichst viele Adjektive mit den beiden Endungen -iv und -al.

(-iv): produkt-, ...

(-al): ...

👥 Arbeite mit einem Mitschüler zusammen. Sucht nach weiteren typischen Endungen für Adjektive aus anderen Sprachen. Entwerft damit ähnliche Übungen, mit denen eure Mitschüler üben können.

Schreiben

Rechtschreibung – Fach- und Fremdwörter

Finde die Fachwörter im Suchsel und ordne sie in den richtigen Tabellenspalten ein.

D	Ä	Ö	D	G	H	U	J	Y	M	I	U	T	D
A	A	Q	E	G	P	F	O	K	O	N	K	H	I
X	E	Ä	M	H	W	R	U	R	P	T	A	E	V
Q	Q	B	O	N	U	X	R	B	W	E	D	R	I
T	U	H	K	H	G	J	N	H	J	R	D	A	S
Ä	B	E	R	D	Ö	F	A	V	Ö	V	I	P	I
N	S	I	A	Q	E	Y	L	D	V	I	E	I	O
M	U	L	T	I	P	L	I	Z	I	E	R	E	N
C	P	Ö	I	R	Z	A	S	I	M	W	E	U	J
H	G	R	E	P	O	R	T	A	G	E	N	C	I

Politik	Zeitung	Medizin	Wirtschaft

(Lösung, auf dem Kopf:) Politik: Demokratie; Mathematik: multiplizieren, addieren, Division; Medizin: Therapie; Zeitung: Journalist, Interview, Reportage

👥 Arbeite mit einem Mitschüler zusammen. Ergänzt die Tabelle mit weiteren Fremdwörtern aus den vier Bereichen.

Rechtschreibung – Fach- und Fremdwörter

Notiere die Fachwörter in korrekter Schreibweise und ordne sie in den richtigen Spalten ein.

Kolum neKo ntoR echerch eRess ort Monarch ieFra kturIn fekt ionI nvestition Ideo logieKa pital

Politik	Zeitung	Medizin	Wirtschaft

(Lösung, auf dem Kopf:) Politik: Ideologie, Monarchie; Zeitung: Recherche, Ressort, Kolumne; Medizin: Fraktur, Infektion; Wirtschaft: Konto, Investition, Kapital

👥 Arbeite mit einem Mitschüler zusammen. Ergänzt die Tabelle mit weiteren Fremdwörtern aus den vier Bereichen.

Schreiben

Rechtschreibung – Fach- und Fremdwörter

Ergänze die Fachwörter und ordne sie in den richtigen Spalten ein.

sylD m_kr_t_ eEp_d_mi _N_rk_s_ K_nj_nkt_rzykl_ sImpr_ss_ mL_adGl_ss_ _namn_s_ D_kt_t_rAkt_ _S_bv_nt_ _n

Politik	Zeitung	Medizin	Wirtschaft

Politik: Asyl, Demokratie, Diktatur; Zeitung: Impressum, Lead, Glosse; Medizin: Epidemie, Narkose, Anamnese; Wirtschaft: Konjunkturzyklus, Aktie, Subvention

👥 **Arbeite mit einem Mitschüler zusammen. Ergänzt die Tabelle mit weiteren Fremdwörtern aus den vier Bereichen.**

Rechtschreibung – Fach- und Fremdwörter

Was bedeuten diese Begriffe? Verbinde sie mit den richtigen Erklärungen.

Populismus	ärztliche Bescheinigung
Inflation	Geld, das ein Betrieb oder ein Wirtschaftszweig als Unterstützung vom Staat bekommt
Fusion	der Vorgang, dass die Preise immer weiter steigen und der Wert des Geldes immer geringer wird
Subvention	eine Politik, die mit einfachen Antworten auf schwierige Fragen die Gunst der Bevölkerung zu gewinnen versucht
Attest	Zusammenschluss von zwei Unternehmen

Populismus = eine Politik, die mit einfachen Antworten auf schwierige Fragen die Gunst der Bevölkerung zu gewinnen versucht; Inflation = der Vorgang, dass die Preise immer weiter steigen und der Wert des Geldes immer geringer wird; Fusion = Zusammenschluss von zwei Unternehmen; Subvention = Geld, das ein Betrieb oder ein Wirtschaftszweig als Unterstützung vom Staat bekommt; Attest = ärztliche Bescheinigung

Schreiben

Rechtschreibung – Getrennt- und Zusammenschreibung

Entziffere die folgenden Regeln zur Schreibung von Zeitangaben.

> Bei der Angabe der Uhrzeit werden die Zahlwörter kleingeschrieben.

> Adverbien wie gestern oder heute stehen immer getrennt von der Zeitangabe.

> Enden Zeitangaben auf -s und leiten sich von Nomen ab, schreibst du sie klein.

(Lösung kopfüber:) Bei der Angabe der Uhrzeit werden die Zahlwörter kleingeschrieben. Adverbien wie gestern oder heute stehen immer getrennt von der Zeitangabe. Enden Zeitangaben auf -s und leiten sie sich von Nomen ab, schreibst du sie klein.

Arbeite mit einem Mitschüler zusammen. Findet für jede der Regeln zwei Beispiele.

Rechtschreibung – Getrennt- und Zusammenschreibung

Verbinde die Sätze zu sinnvollen Regeln.

Nomen schreibst du	schreibst du sie zusammen.
Steht ein Artikel vor der Zeitangabe,	stehen immer getrennt von der Zeitangabe.
Adverbien wie gestern oder heute	selbstverständlich auch bei Zeitangaben groß.
Werden Wochentage mit Adverbien kombiniert,	schreibst du diese groß, auch wenn sie auf -s endet.

(Lösung kopfüber:) Nomen schreibst du selbstverständlich auch bei Zeitangaben groß. Steht ein Artikel vor der Zeitangabe, schreibst du diese groß, auch wenn sie auf -s endet. Adverbien wie gestern oder heute stehen immer getrennt von der Zeitangabe. Werden Wochentage mit Adverbien kombiniert, schreibst du sie zusammen.

Arbeite mit einem Mitschüler zusammen. Formuliert die Regeln in eigenen Worten und findet für jede zwei Beispiele.

Schreiben

Rechtschreibung – Getrennt- und Zusammenschreibung

Bei Zeitangaben ist es oft schwer zu erkennen, ob du diese groß oder klein, getrennt oder zusammenschreiben musst. Verbinde die Bausteine und Beispiele zu sinnvollen Regeln.

Bausteine 1	Bausteine 2	Beispiele
Enden Zeitangaben auf -s und leiten sich von Nomen ab,	werden die Zahlwörter kleingeschrieben.	gestern Morgen
Werden Wochentage mit Adverbien kombiniert,	selbstverständlich auch bei Zeitangaben groß.	zwölf Uhr
Bei der Angabe der Uhrzeit	stehen immer getrennt von der Zeitangabe.	freitagmorgens
Nomen schreibst du	schreibst du sie zusammen.	am Nachmittag
Adverbien wie gestern oder heute	schreibst du sie klein.	morgens

(Lösung, auf dem Kopf stehend:)
Enden Zeitangaben auf -s und leiten sich von Nomen ab, schreibst du sie klein (morgens).
Werden Wochentage mit Adverbien kombiniert, schreibst du sie zusammen (freitagmorgens).
Bei der Angabe der Uhrzeit werden die Zahlwörter kleingeschrieben (zwölf Uhr).
Nomen schreibst du selbstverständlich auch bei Zeitangaben groß (am Nachmittag).
Adverbien wie gestern oder heute stehen immer getrennt von der Zeitangabe (gestern Morgen).

Arbeite mit einem Mitschüler zusammen. Findet für jede der Regeln zwei weitere Beispiele und notiert diese in eure Hefte.

Rechtschreibung – Getrennt- und Zusammenschreibung

Entscheide bei allen Zeitangaben, ob du sie groß oder klein, getrennt oder zusammenschreiben musst.

knicken

F R E I T A G M O R G E N	Bereits am _____ waren Franks Eltern in dem Wochenendurlaub gefahren.	Freitagmorgen
W O C H E N E N D E	Auf dieses _____ hatte er sich schon lange gefreut.	Wochenende
S A M S T A G N A C H M I T T A G	Den ganzen _____ bringt Frank die Wohnung auf Vordermann.	Samstagnachmittag
N E U N U H R	Gegen _____ soll die Party beginnen.	neun Uhr
H E U T E A B E N D	Frank wusste genau, dass _____ der beste Abend des Jahres sein würde.	heute Abend

Arbeite mit einem Mitschüler zusammen. Begründet bei jedem Satz die Schreibweise.

Schreiben

Rechtschreibung – Getrennt- und Zusammenschreibung

Streiche bei diesen Regeln zur Schreibung von Zeitangaben die falschen Angaben durch.

knicken

Bei der Angabe der Uhrzeit werden die Zahlwörter *kleingeschrieben / großgeschrieben*.	~~großgeschrieben~~
Adverbien wie gestern oder heute stehen immer *zusammen / getrennt* von der Zeitangabe.	~~zusammen~~
Enden Zeitangaben auf -s und leiten sich von Nomen ab, schreibst du sie *klein / groß*.	~~groß~~
Nomen schreibst du selbstverständlich auch bei Zeitangaben *klein / groß*.	~~klein~~
Werden Wochentage mit Adverbien kombiniert, schreibst du sie *getrennt / zusammen*.	~~getrennt~~
Steht ein Artikel vor der Zeitangabe, schreibst du diese *klein / groß*, auch wenn sie auf -s endet.	~~klein~~

Arbeite mit einem Mitschüler zusammen. Weshalb wird die folgende Zeitangabe großgeschrieben, obwohl sie auf -s endet? *Eines Tages werden Autos fliegen.*

Rechtschreibung – Getrennt- und Zusammenschreibung

Setze die Zeitangaben sinnvoll in die Sätze ein.

> gestern Abend   wochentags   heute Morgen   acht Uhr
> zehn Minuten   Samstagmorgen

knicken

Die Schule beginnt um _____.	acht Uhr
Aber Stefan fehlt _____.	heute Morgen
Nach _____ schickt seine Lehrerin einen Mitschüler in das Sekretariat.	zehn Minuten
Als die Sekretärin bei Stefans Eltern anruft, dauert es eine Ewigkeit, bis sein Vater ans Telefon geht. „Wir haben _____ Geburtstag gefeiert und verschlafen."	gestern Abend
„Ausschlafen können sie am _____,"	Samstagmorgen
„aber _____ machen wir uns Sorgen, wenn Stefan unentschuldigt fehlt."	wochentags

Arbeite mit einem Mitschüler zusammen. Erstellt einen ähnlichen Lückentext, in dem die Zeitangaben fehlen. Verfasst ihn in Schönschrift, sodass eure Mitschüler mit ihm üben können. Erstellt auch eine Lösung.

Schreiben

Rechtschreibung – Groß- und Kleinschreibung

1. **Entziffere die Regeln zur Groß- und Kleinschreibung von Verben und Adjektiven.**

   A: Normalerweise schreibt man Adjektive und Verben klein _____.

   _____

   _____

   B: Nur wenn Adjektive oder Verben als Nomen _____ verwendet werden, schreibt

   man sie groß _____.

   _____

   _____

   C: Steht vor einem Adjektiv oder Verb ein Artikel _____, der sich auf dieses bezieht,

   schreibt man es groß _____.

   _____

   _____

   A: klein / B: Nomen, groß / C: Artikel, groß

2. **Welche Regel greift bei den Beispielen? Notiere A, B oder C.**

Beispiel	Regel
Das Lesen macht meinem Bruder noch Probleme.	C
Der Kinofilm war wirklich lustig.	A
Es ist ganz eindeutig, dass man Tanzen nur in einer echten Tanzschule lernt.	B

   knicken

   👥 Arbeite mit einem Mitschüler zusammen. Vergleicht eure Lösungen und begründet die Auswahl.

Rechtschreibung – Groß- und Kleinschreibung

Verben schreibt man groß, wenn sie als Nomen verwendet werden. Ergänze die Sätze.

> RAUCHEN   TANZEN   SCHLAFEN

Das _____ ist ungesund.

Das _____ geht am besten mit lauter Musik.

Das _____ ist wichtig, um sich vom Tag zu erholen.

👥 Arbeite mit einem Mitschüler zusammen. Welchen Artikel trägt jedes Verb, das als Nomen verwendet wird? Bildet weitere Sätze, in denen Verben als Nomen verwendet werden.

Schreiben

Rechtschreibung – Groß- und Kleinschreibung

1. **Vervollständige die Regeln zur Groß- und Kleinschreibung von Verben und Adjektiven.**

   A: Adjektive und Verben werden normalerweise _____.

   B: Wenn Adjektive oder Verben als _____ verwendet werden, schreibt man sie groß.

   C: Bezieht sich ein _____ auf ein Adjektiv oder Verb, schreibt man es groß.

   D: Adjektive und Verben werden auch dann großgeschrieben, wenn sich ein _____ Artikel darauf bezieht.

   > A: Adjektive und Verben werden normalerweise kleingeschrieben.
   > B: Wenn Adjektive oder Verben als Nomen verwendet werden, schreibt man sie groß.
   > C: Bezieht sich ein Artikel auf ein Adjektiv oder Verb, schreibt man es groß.
   > D: Adjektive und Verben werden auch dann großgeschrieben, wenn sich ein versteckter Artikel darauf bezieht.

2. **Ordne die Beispiele den Regeln zu, indem du den entsprechenden Buchstaben notierst.**

   Der Fleißige hat die beste Note. (____)   Im Grünen kann man gut entspannen. (____)

   Der schnelle Sportwagen ist teuer. (____)   Meinem Bruder macht Lesen viel Spaß. (____)

   > C, D, A, B

Arbeite mit einem Mitschüler zusammen. Findet für Regel A bis D jeweils weitere Beispielsätze.

Rechtschreibung – Groß- und Kleinschreibung

Verben schreibt man groß, wenn sie als Nomen verwendet werden. Ergänze die Sätze.

starren

Max _____ Moritz an. Moritz _____ zurück. Im _____ sind

beide wirklich gut.

lesen

Lena _____ eine Fußballzeitschrift. Alex _____ ein Buch über Pferde-

pflege. Für beide ist _____ ein großes Hobby.

> Max starrt Moritz an. Moritz starrt zurück. Im Starren sind beide wirklich gut.
> Lena liest eine Fußballzeitschrift. Alex liest ein Buch über Pferdepflege. Für beide ist Lesen ein großes Hobby.

Arbeite mit einem Mitschüler zusammen. Formuliert weitere Sätze, in denen ein Wort zweimal als Verb und einmal als Nomen gebraucht wird.

Schreiben

Rechtschreibung – Groß- und Kleinschreibung

Lies die folgenden Sätze. Erkläre bei jedem Satz, warum die unterstrichenen Stellen klein- bzw. großgeschrieben werden müssen.

Der stärkste Boxer gewinnt das Turnier.

_____

_____

Der Starke frisst den Schwachen.

_____

_____

Meiner Mutter macht Fliegen immer große Angst.

_____

_____

> Hier wird das Adjektiv „stärkste" kleingeschrieben, da es sich auf das Nomen „Boxer" bezieht.
> Hier wird das Adjektiv großgeschrieben, da es durch den Artikel zu einem Nomen wird.
> Hier wird das Verb großgeschrieben, weil es als Nomen verwendet wird.

👥 **Arbeite mit einem Mitschüler zusammen. Überprüft gegenseitig eure Regeln. Stimmen diese? Findet anschließend weitere Beispiele dafür.**

Rechtschreibung – Groß- und Kleinschreibung

Bilde Sätze, in denen das vorgegebene Verb als Nomen verwendet wird und großgeschrieben werden muss.

reiten _____

husten _____

spielen _____

rasen _____

kontrollieren _____

wetten _____

👥 **Arbeite mit einem Mitschüler zusammen. Lest einen interessanten Artikel in einer Zeitschrift eurer Wahl. Könnt ihr Verben oder auch Adjektive finden, die als Nomen verwendet werden? Sammelt diese.**

Schreiben

Rechtschreibung – Groß- und Kleinschreibung

1. **Adjektive schreibt man groß, wenn sie als Nomen verwendet werden. Unterstreiche in den folgenden Sätzen die Adjektive, die als Nomen verwendet werden.**

    Unsere Nachbarin erzählt mir immer das Neueste aus aller Welt.

    Hoffentlich passiert in unserem Urlaub viel Spannendes.

    Der Taucher sucht im Wrack nach etwas Kostbarem.

    Das wütende Gesicht unseres Lehrers verkündet nichts Gutes.

    (Lösung: Neueste, Spannendes, Kostbarem, Gutes)

2. **Notiere die Wörter, die auf die Großschreibung des Adjektivs hindeuten.**

    _____

    (Lösung: das, viel, etwas, nichts)

👥 **Arbeite mit einem Mitschüler zusammen. Verwendet die gefundenen Signalwörter, um weitere Sätze zu bilden, in denen Adjektive großgeschrieben werden.**

Rechtschreibung – Groß- und Kleinschreibung

Notiere den Text in korrekter Groß- und Kleinschreibung.

DAS GRÜNE KLEID STEHT MEINER MUTTER SEHR GUT. SIE WILL ES AM WOCHENENDE TRAGEN, WENN WIR EIN PICKNICK IM GRÜNEN MACHEN.

_____

_____

GESTERN HAT STEFAN ALS ZEUGE EINES VERKEHRSUNFALLS GROSSEN MUT BEWIESEN. ER IST EIN WIRKLICH MUTIGER JUNGE.

_____

_____

SEHR KONZENTRIERT ARBEITET PETER AN SEINEM PROJEKT. SEINE KONZENTRATION LÄSST ERST NACH MEHREREN STUNDEN NACH.

_____

_____

(Lösung: Das grüne Kleid steht meiner Mutter sehr gut. Sie will es am Wochenende tragen, wenn wir ein Picknick im Grünen machen. Gestern hat Stefan als Zeuge eines Verkehrsunfalls großen Mut bewiesen. Er ist ein wirklich mutiger Junge. Sehr konzentriert arbeitet Peter an seinem Projekt. Seine Konzentration lässt erst nach mehreren Stunden nach.)

Schreiben

Rechtschreibung – Groß- und Kleinschreibung

Adjektive schreibt man groß, wenn sie als Nomen verwendet werden. Streiche in den folgenden Sätzen die falsche Schreibweise durch.

Alles F/falsche hat mein Lehrer rot markiert.

Leider habe ich im Diktat viele Wörter F/falsch geschrieben.

Ich kann die Sporttasche kaum anheben. Da muss etwas besonders S/schweres drin sein.

Meine Schultasche ist immer so S/schwer, weil wir so viele Bücher mitschleppen müssen.

Mein Vater hat sich den Rücken verletzt. Jetzt darf er nichts S/schweres mehr heben.

Zum Geburtstag wünsche ich meiner Mutter alles G/gute.

Die G/gute Note habe ich mir verdient.

[Lösung kopfüber:] Alles F/falsche hat mein Lehrer rot markiert. Leider habe ich im Diktat viele Wörter F/falsch geschrieben. Ich kann die Sporttasche kaum anheben. Da muss etwas besonders S/schweres drin sein. Meine Schultasche ist immer so G/schwer, weil wir so viele Bücher mitschleppen müssen. Mein Vater hat sich den Rücken verletzt. Jetzt darf er nichts S/schweres mehr heben. Zum Geburtstag wünsche ich meiner Mutter alles G/gute. Die G/gute Note habe ich mir verdient.

Arbeite mit einem Mitschüler zusammen. Begründet die jeweilige Schreibweise.

Rechtschreibung – Groß- und Kleinschreibung

Auch Pronomen können auf die Großschreibung von Adjektiven und Verben hindeuten. Setze die Pronomen im Kasten sinnvoll in die Sätze ein. Unterstreiche das großgeschriebene Wort.

| ihr | sein | seinem | Ihr | sein | Mein |

Dieser Schauspieler ist toll. Ich liebe _____ Lächeln.

Meine Oma kocht toll. Ich liebe _____ Essen.

Dieser Lehrer ist wirklich streng. Ich fürchte mich vor _____ Schimpfen.

Mein Vater liebt lustige Filme. Dann hört man _____ Lachen im ganzen Haus.

Nach dem Sport habe ich immer riesigen Hunger. _____ Schmatzen stört meine Eltern dann immer sehr.

Meine Schwester war gestern ganz schlecht gelaunt. _____ Meckern hat unsere ganze Familie genervt.

[Lösung kopfüber:] sein, ihr, seinem, sein, Mein, Ihr

Arbeite mit einem Mitschüler zusammen. Welche Pronomen fallen euch noch ein? Bildet Sätze, in denen Pronomen die Großschreibung von Verben verursachen.

Schreiben

Rechtschreibung – Groß- und Kleinschreibung

**Löse diese besonders kniffligen Fälle der Groß- und Kleinschreibung.
Ergänze den fehlenden Buchstaben.**

	knicken
Der Doktor ruft: „Der ___ächste bitte!"	N
Dieses Kartenspiel bereitet ___ung und ___lt Freude.	J, A
In der Schule ___ernen wir ___nglisch.	l, E
Für die Klassenarbeit habe ich nicht das ___eringste gelernt.	G
Viele ___illionen ___ugvögel fliegen im Herbst in den Süden.	M, Z
In ___ahlreichen Fällen tappen die Ermittler im ___unkeln.	z, D
Die Besucher kommen von ___ah und ___ern.	n, f
Im Urlaub fahren wir ans ___eer.	M

Rechtschreibung – Groß- und Kleinschreibung

Je nachdem, ob ein Wort als Nomen oder Adjektiv verwendet wird, schreibst du es groß oder klein. Bilde Sätze, in denen diese Wörter korrekt verwendet werden.

Wert _____

wert _____

Recht _____

recht _____

Schuld _____

schuld _____

Ernst _____

ernst _____

👥 **Arbeite mit einem Mitschüler zusammen. Überprüft eure Sätze gegenseitig. Sind sie sinnvoll? Werden dabei die angegebenen Wörter richtig verwendet?**

Schreiben

Rechtschreibung – Wörterbücher richtig nutzen

Wörterbücher sind sehr hilfreich, wenn du die Schreibweise eines Wortes nicht kennst. Allerdings musst du das Alphabet sicher beherrschen, um dich in einem Wörterbuch zurechtzufinden. Ergänze die fehlenden Buchstaben.

A _ C D E _ G H I J K L _ N O P Q R S T _ V W X _ Z

ABCDEFGHIJKLMNOPQRSTUVWXYZ

Arbeite mit einem Mitschüler zusammen. Wer von euch kann das Alphabet schneller aufsagen? Schafft ihr es auch rückwärts?

Rechtschreibung – Wörterbücher richtig nutzen

Schlage die folgenden Fremdwörter im Wörterbuch nach und markiere den Rechtschreibfehler. Notiere die Seite, auf der du das Wort gefunden hast. Lies anschließend die Wortbedeutung.

↙ knicken

falsche Schreibweise	richtige Schreibweise	Seite	
exemmplarisch			exemplarisch
simmultan			simultan
triwial			trivial
Prämiße			Prämisse
manifestation			Manifestation
Persiflagge			Persiflage

Arbeite mit mehreren Mitschülern zusammen. Jeder von euch benötigt das gleiche Wörterbuch. Nun schlägt einer von euch sein Wörterbuch auf, wählt ein Wort aus und liest es laut vor. Die anderen suchen dieses Wort so schnell wie möglich. Wer zuerst die richtige Seitenzahl nennt, bekommt einen Punkt.

Schreiben

Rechtschreibung – Wörterbücher richtig nutzen

Wörterbücher sind sehr hilfreich, wenn du die Schreibweise eines Wortes nicht kennst. Allerdings musst du das Alphabet sicher beherrschen, um dich in einem Wörterbuch zurechtzufinden. Ordne die Wörter pro Zeile alphabetisch.

___ rund	___ Versäumnis	_1_ bunt	___ Klarinette
___ Narkose	___ Knete	___ Disziplin	___ Astronaut
___ Einband	___ Eiland	___ eidesstattlich	___ Eigenproduktion
___ heute	___ Heulsuse	___ hemdsärmelig	___ Herzton
___ Klampfe	___ klagen	___ klapperdürr	___ Klamauk

(Lösung auf dem Kopf stehend:)
3 Klampfe / 4 heute / 4 Einband / 4 Narkose / 3 rund
2 Klarinette / 1 Astronaut / 2 Eigenproduktion / 2 Herzton
1 bunt / 2 Disziplin / 1 eidesstattlich / 1 hemdsärmelig / 4 klapperdürr
4 Versäumnis / 3 Knete / 3 Eiland / 3 Heulsuse / 1 klagen / 2 Klamauk

- Arbeite mit einem Mitschüler zusammen. Ab der dritten Zeile wird die Aufgabe etwas schwieriger. Woran liegt das?
- Einige der Wörter werden eher selten verwendet. Welche Begriffe kennt ihr nicht? Informiert euch in einem Wörterbuch über ihre Bedeutung.

Rechtschreibung – Wörterbücher richtig nutzen

Schlage die folgenden Fremdwörter im Wörterbuch nach und markiere den Rechtschreibfehler. Notiere jeweils die Wörter, die direkt davor und danach stehen. Lies anschließend die Wortbedeutung.

↙ knicken

davor	falsche Schreibweise	richtige Schreibweise	danach
	Affinitet		Affinität
	difus		diffus
	eksplizit		explizit
	monden		mondän
	rewidieren		revidieren
	Elokwenz		Eloquenz

- Arbeite mit einem Mitschüler zusammen. Was fällt euch bei den drei Wörtern auf, die im Wörterbuch genau aufeinanderfolgen? Wie viele Buchstaben sind identisch?

Freiarbeitsmaterialien für die 8. Klasse: Deutsch

Schreiben

Rechtschreibung – Wörterbücher richtig nutzen

Wörterbücher sind sehr hilfreich, wenn du die Schreibweise eines Wortes nicht kennst. Allerdings musst du das Alphabet sicher beherrschen, um dich in einem Wörterbuch zurechtzufinden. **Ordne die Wörter pro Zeile alphabetisch.**

___ Dokumentation ___ Atmosphäre ___ Kugel ___ reizbar

___ Otter ___ schrubben ___ Gipfel ___ direkt

___ Kolben ___ Kolchose ___ Kokosnuss ___ Kokon

___ Quertreiber ___ Querschläger ___ quer ___ Querverweis

___ offensichtlich ___ Öffentlichkeit ___ offenbaren ___ Office

(Lösung kopfüber:)
2 Dokumentation 1 Atmosphäre 3 Kugel 4 reizbar
3 Otter 4 schrubben 2 Gipfel 1 direkt
3 Kolben 4 Kolchose 2 Kokosnuss 1 Kokon
3 Quertreiber 2 Querschläger 1 quer 4 Querverweis
2 offensichtlich 3 Öffentlichkeit 1 offenbaren 4 Office

👥 Arbeite mit einem Mitschüler zusammen. Ab der dritten, vor allem aber ab der vierten Zeile wird die Aufgabe schwieriger. Woran liegt das?

👥 Einige der Wörter werden eher selten verwendet. Welche Begriffe kennt ihr nicht? Informiert euch in einem Wörterbuch oder im Internet über ihre Bedeutung.

Rechtschreibung – Wörterbücher richtig nutzen

1. Schlage die folgenden Fremdwörter im Wörterbuch nach und markiere den Rechtschreibfehler. Notiere das Wort in korrekter Schreibweise.

   knicken

falsche Schreibweise	richtige Schreibweise	
Antitsipation		Antizipation
embirisch		empirisch
ladent		latent
opsolet		obsolet
Pendannt		Pendant
suptil		subtil

2. Wörterbücher geben nicht nur Auskunft über die korrekte Schreibweise von Wörtern. Welche Informationen liefern dir die Einträge noch?

👥 Arbeite mit einem Mitschüler zusammen. Analysiert die Schreibweise dieser Fremdwörter. Überlegt gemeinsam Möglichkeiten, wie ihr sie euch gut merken könnt.

Schreiben

Rechtschreibung – Wörterbücher richtig nutzen

Der Umgang mit dem Wörterbuch will gelernt sein. Entziffere und notiere den Tipp.

> Es ist ungünstig, das Schreiben immer wieder zu unterbrechen und die Schreibweise eines Wortes nachzuschlagen. Am besten markierst du ein Wort bei dem du dir unsicher bist, mit einem Fragezeichen.

(Lösung, gespiegelt abgedruckt:) Es ist ungünstig, das Schreiben immer wieder zu unterbrechen und die Schreibweise eines Wortes nachzuschlagen. Am besten markierst du ein Wort, bei dem du dir unsicher bist, mit einem Fragezeichen.

Arbeite mit einem Mitschüler zusammen. Nehmt eure Hefte aus dem Fach Geschichte zur Hand und studiert eure letzten Einträge. Schlagt dabei alle Wörter im Wörterbuch nach, deren Schreibweise schwierig ist.

Rechtschreibung – Wörterbücher richtig nutzen

Schlage die Wörter im Wörterbuch nach, bei denen sich der Schreiber unsicher war. Streiche falsch geschriebene durch und notiere sie in korrekter Schreibweise unter dem Text.

Im Musikunterricht haben wir einen doofen Rhytmus (?) geklatscht.

Die schwierige Diwision (?) im Mathematikunterricht ließ sich einfach nicht lösen.

In der Pause dröhnte der Biet (?) des Schulradios so laut, dass ich Kopfschmerzen bekam.

Im Sportunterricht hatten wir Schwierigkeiten, das Regg (?) aufzubauen.

Und zu guter Letzt forderte unser Rektor von allen mehr Engagment (?).

Lehrer sein ist wirklich nicht einfach!

(Lösung, gespiegelt abgedruckt:) Rhythmus, Division, Beat, Reck, Engagement

Arbeite mit einem Mitschüler zusammen. Tauscht in einem Schulfach eurer Wahl eure Hefte. Korrigiert gegenseitig die letzten drei Einträge. Schlagt schwierige Wörter gezielt im Wörterbuch nach.

Schreiben

Rechtschreibung – Wörterbücher richtig nutzen

Der Umgang mit dem Wörterbuch will gelernt sein. Entziffere und notiere den Tipp.

> Wenn du einen Text verfasst, geht es dir vermutlich zunächst um den Inhalt. Es ist ungünstig, das Schreiben immer wieder zu unterbrechen und die Schreibweise eines Wortes nachzuschlagen. Am besten markierst du ein Wort, bei dem du dir unsicher bist, mit einem Fragezeichen.

Wenn _____

(Lösungstext, gespiegelt am Seitenrand:)
Wenn du einen Text verfasst, geht es dir vermutlich zunächst um den Inhalt. Es ist ungünstig, das Schreiben immer wieder zu unterbrechen und die Schreibweise eines Wortes nachzuschlagen. Am besten markierst du ein Wort, bei dem du dir unsicher bist, mit einem Fragezeichen.

👥 **Arbeite mit einem Mitschüler zusammen. Nehmt eure Hefte aus anderen Fächern zur Hand und studiert eure letzten Einträge. Gibt es Wörter, bei deren Schreibweise ihr euch unsicher seid? Schlagt diese im Wörterbuch nach.**

Rechtschreibung – Wörterbücher richtig nutzen

Schlage die Wörter im Wörterbuch nach, bei denen sich der Schreiber unsicher war. Streiche falsch geschriebene durch und notiere sie in korrekter Schreibweise unter dem Text.

Beim Bike-Polo sitzen die Spieler auf Fahrrädern und versuchen, einen kleinen Ball mit Poloschlägern ins gegnerische Tor zu befördern. Meistens gewinnt das Tiem (?), das als erstes fünf Tore erzielt hat. Zuerst wurde Bike-Polo von Fahrradkurieren (?) in Seattle gespielt, doch mittlerweile (?) kennt man es auf der ganzen Welt. Seit 2009 gibt es sogar Welt- und Kontienentalmeisterschaften (?). In den letzten Jahren ist die Zahl der Fäns (?) sprunghaft (?) gestiegen. Auch wenn die Zahl der Aktiven schnell wächst, stehen bei diesem Zene-Sport (?) vor allem der Spaß (?) und die Freundschaft im Mittelpunkt.

(Lösung, gespiegelt:) Team, Kontinentalmeisterschaften, Fans, Szene-Sport

👥 **Arbeite mit einem Mitschüler zusammen. Tauscht in einem Schulfach eurer Wahl eure Hefte. Korrigiert gegenseitig die letzten fünf Einträge. Schlagt schwierige Wörter gezielt im Wörterbuch nach.**

Schreiben

Rechtschreibung – Wörterbücher richtig nutzen

1. **Schlage die Wörter im Wörterbuch nach, bei denen sich der Schreiber unsicher war. Hake richtig geschriebene Wörter ab und streiche falsch geschriebene durch.**

   Zum Glück habe ich im Internet (?) [ ] noch eine Karte für das Koncert (?) [ ] meiner Lieblingsband bekommen. Diese kommt dieses Jahr nur nach Deutschland, um auf einem einzigen Open-Air-Festival zu spielen. Besonders toll finde ich den Basisten (?) [ ]. Wenn er ein solo (?) [ ] spielt, vergesse ich die Welt um mich herum. Ich habe die Jungs schon in einer TVshow (?) [ ] gesehen. Dort haben sie ein Interview (?) [ ] gegeben und wirkten richtig nett.

   > Wenn du einen Text verfasst, geht es dir vermutlich zunächst um den Inhalt. Es ist ungünstig, das Schreiben immer wieder zu unterbrechen und die Schreibweise eines Wortes nachzuschlagen. Am besten markierst du ein Wort, bei dem du dir unsicher bist, mit einem Fragezeichen.

2. **Notiere die falsch geschriebenen Wörter in korrekter Schreibweise.**

   _____

   _____

   > richtig: Internet, Interview
   > falsch: Konzert, Bassisten, Solo, TV-Show

Rechtschreibung – Wörterbücher richtig nutzen

Manche Wörter musst du immer kleinschreiben, manche musst du immer großschreiben und bei anderen kannst du dir die Schreibweise aussuchen. Schlage im Wörterbuch nach und ordne sie in den richtigen Spalten ein.

> aufgrund   der einzelne   viele hunderte   im übrigen   das seine
> die einen und die anderen   ein bisschen   vonseiten   zur not

immer klein	immer groß	klein oder groß

> immer klein: ein bisschen, die einen und die anderen
> immer groß: der Einzelne, im Übrigen, das Seine, zur Not
> klein oder groß: aufgrund / auf Grund, viele hunderte / Hunderte, von Seiten / vonseiten

👥 **Arbeite mit einem Mitschüler zusammen. Findet Eselsbrücken, wie ihr euch die Schreibweise dieser Wörter merken könnt.**

Schreiben

Rechtschreibung – Zeichensetzung

Kreuze an, in welchen Sätzen die Kommas richtig gesetzt sind.

a) ☐ An meinem Geburtstag habe ich Kuchen, Eis und ganz viel Pommes gegessen.
b) ☐ An meinem Geburtstag habe ich Kuchen Eis und ganz viel Pommes gegessen.
c) ☐ Ich komme heute leider später nach Hause weil mein Lehrer möchte, dass ich etwas länger in der Schule bleibe.
d) ☐ Ich komme heute leider später nach Hause, weil mein Lehrer möchte, dass ich etwas länger in der Schule bleibe.
e) ☐ Mathematik, Deutsch und Geschichte mag ich in der Schule nicht aber Sport und die Pausen, sind ziemlich cool.
f) ☐ Mathematik, Deutsch und Geschichte mag ich in der Schule nicht, aber Sport und die Pausen sind ziemlich cool.
g) ☐ Mathematik Deutsch und Geschichte mag ich in der Schule nicht, aber Sport und die Pausen sind ziemlich cool.

Richtig sind: a, d, f.

👥 **Arbeite mit einem Mitschüler zusammen. Entwickelt eine ähnliche Aufgabe für eure Mitschüler. Überlegt euch drei Sätze, von denen ihr je eine richtige und eine falsche Variante aufschreibt.**

Rechtschreibung – Zeichensetzung

Bilde nach dem Muster der vorgegebenen Sätze eigene Sätze. Achte dabei auf die Kommasetzung.

Kommasetzung bei Aufzählungen
Am liebsten esse ich Hamburger, Pommes, Steaks und Nudeln mit Tomatensoße.

_____

_____

Kommasetzung vor Konjunktionen (Bindewörtern)
Unser Zeltlager am Wochenende wird vermutlich ins Wasser fallen, weil schlimme Gewitter gemeldet sind.

_____

_____

Kommasetzung bei Relativsätzen
Mein Vater kauft sich ein neues Auto, das viel schneller fährt als sein altes.

_____

_____

👥 **Arbeite mit einem Mitschüler zusammen. Formuliert für jede der drei Möglichkeiten zwei Beispielsätze.**

Schreiben

Rechtschreibung – Zeichensetzung

Kreuze an, in welchen Sätzen die Kommas richtig gesetzt sind.

a) ☐ Unser Lehrer fordert von uns die Hausaufgaben zuverlässig zu erledigen.
b) ☐ Unser Lehrer fordert von uns, die Hausaufgaben zuverlässig zu erledigen.
c) ☐ In der Schule müssen wir nicht nur stillsitzen, sondern auch noch genau zuhören.
d) ☐ In der Schule müssen wir nicht nur stillsitzen sondern auch noch genau zuhören.
e) ☐ Viel Sport zu treiben, das ist gesund.
f) ☐ Viel Sport zu treiben das ist gesund.
g) ☐ Gestern habe ich mit Mirko Basketball gespielt, Eis gegessen und Hausaufgaben gemacht.
h) ☐ Gestern habe ich mit Mirko Basketball gespielt Eis gegessen und Hausaufgaben gemacht.

Richtig sind: b, c, e, g.

Arbeite mit einem Mitschüler zusammen. Begründet bei jedem Satz die richtige Kommasetzung.

Rechtschreibung – Zeichensetzung

Setze in folgendem Text die fehlenden Kommas.

Der Fußballverein der Stadt auf den alle Bürger so stolz sind hat sich etwas ganz Besonderes überlegt. Wenn die Mannschaft ins Trainingslager fährt um sich dort auf die neue Saison vorzubereiten dürfen einige Fans dabei sein. Der Verein bezahlt ihnen die Fahrt die Unterkunft und auch die Verpflegung. Außerdem erhält jeder Mitreisende ein Trikot eine Sporttasche mit Vereinswappen und eine Mütze in Vereinsfarben.
Als Gegenleistung müssen die Teilnehmer dieser besonderen Reise nur die Taschen der Spieler tragen die Bälle aufpumpen und beim Training die Medizinbälle schleppen. Der Vereinspräsident ist sich sicher dass er ganz viele Freiwillige finden wird die die Mannschaft begleiten.

© sumnersgraphicsinc – Fotolia.com

Der Fußballverein der Stadt, auf den alle Bürger so stolz sind, hat sich etwas ganz Besonderes überlegt. Wenn die Mannschaft ins Trainingslager fährt, um sich dort auf die neue Saison vorzubereiten, dürfen einige Fans dabei sein. Der Verein bezahlt ihnen die Fahrt, die Unterkunft und auch die Verpflegung. Außerdem erhält jeder Mitreisende ein Trikot, eine Sporttasche mit Vereinswappen und eine Mütze in Vereinsfarben. Als Gegenleistung müssen die Teilnehmer dieser besonderen Reise nur die Taschen der Spieler tragen, die Bälle aufpumpen und beim Training die Medizinbälle schleppen. Der Vereinspräsident ist sich sicher, dass er ganz viele Freiwillige finden wird, die die Mannschaft begleiten.

Arbeite mit einem Mitschüler zusammen. Schreibt einen Zeitungsartikel eurer Wahl ab und lasst dabei alle Kommas weg. Anschließend setzt ihr nachträglich die Kommas wieder ein. Überprüft eure Entscheidungen mithilfe des Artikels.

Schreiben

Rechtschreibung – Zeichensetzung

Kreuze an, in welchen Sätzen die Kommas richtig gesetzt sind.

a) ☐ Bitte sprich doch etwas lauter oder rufe mich auf dem Festnetz an.

b) ☐ Bitte sprich doch etwas lauter, oder rufe mich auf dem Festnetz an.

c) ☐ Bitte sprich doch etwas lauter, oder rufe mich, auf dem Festnetz an.

d) ☐ Um sich bei uns einzuschleimen, veranstaltete unsere neue Lehrerin eine Party bei sich zu Hause.

e) ☐ Um sich bei uns einzuschleimen veranstaltete unsere neue Lehrerin eine Party bei sich zu Hause.

f) ☐ Um sich bei uns einzuschleimen veranstaltete unsere neue Lehrerin eine Party, bei sich zu Hause.

g) ☐ Täglich joggen zu gehen und mich anschließend ausgiebig mit eiskaltem Wasser zu duschen das gehört zu meinem neuen Trainingsprogramm.

h) ☐ Täglich joggen zu gehen und mich anschließend ausgiebig mit eiskaltem Wasser zu duschen, das gehört zu meinem neuen Trainingsprogramm.

i) ☐ Täglich joggen zu gehen, und mich anschließend ausgiebig mit eiskaltem Wasser zu duschen, das gehört zu meinem neuen Trainingsprogramm.

Richtig sind: a, b, d, h.

Arbeite mit einem Mitschüler zusammen. Begründet bei jedem richtigen Satz die Kommasetzung.

Rechtschreibung – Zeichensetzung

Setze in folgendem Text die fehlenden Kommas und streiche die falschen.

Am Schwarzen Brett in der Schule hängt ein Zettel: Für den Flug zum Mars, sucht die Weltraumbehörde noch mutige gesunde und durchtrainierte Astronauten. Da der Flug so lange dauert will man keine Erwachsenen, sondern Jugendliche auf die Reise schicken. Bewerben können sich alle Schüler der achten und neunten Klasse die 14 Jahre oder älter sind. Die Ausbildung zum Astronauten dauert acht Wochen. Dabei lernt man, ein Raumschiff zu steuern einen Raumanzug anzulegen und sich in der Schwerelosigkeit zu bewegen. Wahrscheinlich ist schon die Ausbildung ein Abenteuer, das man noch seinen eigenen Kindern erzählen wird.
Während die Schüler eifrig diskutieren wer denn am besten als Astronaut geeignet ist lacht sich ihr Rektor ins Fäustchen. Mit diesem Scherz rächt er sich dafür dass die Schüler ihn immer ärgern.

Am Schwarzen Brett in der Schule hängt ein Zettel: Für den Flug zum Mars sucht die Weltraumbehörde noch mutige, gesunde und durchtrainierte Astronauten. Da der Flug so lange dauert, will man keine Erwachsenen, sondern Jugendliche auf die Reise schicken. Bewerben können sich alle Schüler der achten und neunten Klasse, die 14 Jahre oder älter sind. Die Ausbildung zum Astronauten dauert acht Wochen. Dabei lernt man, ein Raumschiff zu steuern, einen Raumanzug anzulegen und sich in der Schwerelosigkeit zu bewegen. Wahrscheinlich ist schon die Ausbildung ein Abenteuer, das man noch seinen eigenen Kindern erzählen wird. Während die Schüler eifrig diskutieren, wer denn am besten als Astronaut geeignet ist, lacht sich ihr Rektor ins Fäustchen. Mit diesem Scherz rächt er sich dafür, dass die Schüler ihn immer ärgern.

Schreiben

Rechtschreibung – Zeichensetzung

1. Einschübe werden durch Kommas vom restlichen Satz abgetrennt. Entziffere die Regel.

> Manchmal folgt auf ein Hauptwort ein Einschub, der weitere Informationen zu diesem Hauptwort liefert. Am Anfang und am Ende des Einschubs steht jeweils ein Komma.

2. Unterstreiche in den Sätzen wie im Beispiel die Einschübe.

Laura Dahlmeier, <u>Deutschlands Sportlerin des Jahres 2017</u>, gewann 2018 zwei olympische Goldmedaillen.

Mallorca, der Deutschen liebste Insel, ist vor allem bei jungen Menschen beliebt.

Berlin, Deutschlands Hauptstadt, wird Jahr für Jahr von Millionen Touristen besucht.

Der Bodensee, Deutschlands tiefster See, ist 254 Meter tief.

Die Hochstraße Elbmarsch, Deutschlands längste Straßenbrücke, steht in Hamburg.

Rechtschreibung – Zeichensetzung

Setze die Kommas bei den Einschüben.

Unser Lehrer ein strenger Typ lässt uns jede Woche ein Diktat schreiben.
Markus ein leidenschaftlicher Klavierspieler gibt bald sein erstes Konzert.
Mein Trainer ein erfahrener Tennisspieler verrät mir all seine Tricks.
Julius Cäsar ein römischer Feldherr und Kaiser besiegte die Kelten.
Barack Obama ein ehemaliger amerikanischer Präsident ist begeisterter Sportler.

Arbeite mit einem Mitschüler zusammen. Bildet ähnliche Sätze über bekannte Persönlichkeiten.

Schreiben

Rechtschreibung – Zeichensetzung

1. Einschübe (Appositionen) werden durch Kommas vom restlichen Satz abgetrennt. Ergänze die Regel.

> Anfang   Einschub   Ende   Hauptwort   Informationen

Manchmal folgt auf ein Nomen (_____) ein Einschub, der weitere _____ zu diesem Nomen liefert. Solch ein _____ wird auch Apposition genannt. Am _____ und am _____ einer Apposition steht jeweils ein Komma.

[Lösung, auf dem Kopf stehend: Manchmal folgt auf ein Nomen (Hauptwort) ein Einschub, der weitere Informationen zu diesem Nomen liefert. Solch ein Einschub wird auch Apposition genannt. Am Anfang und am Ende einer Apposition steht jeweils ein Komma.]

2. Unterstreiche wie im Beispiel die Einschübe und setze und umkreise die Kommas.

Russland, das größte Land Europas, ist 17 Millionen Quadratkilometer groß.

Der Mont Blanc der höchste Berg Europas befindet sich in Frankreich und in Italien.

Die Wolga der längste Fluss Europas fließt durch Russland.

Vatikanstadt das kleinste Land Europas hat ca. 1000 Einwohner.

Moskau Europas größte Stadt ist die Hauptstadt Russlands.

[Lösung, auf dem Kopf stehend: Der Mont Blanc, der höchste Berg Europas, befindet sich in Frankreich und in Italien. Die Wolga, der längste Fluss Europas, fließt durch Russland. Vatikanstadt, das kleinste Land Europas, hat ca. 1000 Einwohner. Moskau, Europas größte Stadt, ist die Hauptstadt Russlands.]

Rechtschreibung – Zeichensetzung

Setze die Kommas.

Mein Sitznachbar der Junge mit den guten Noten lernt zu Hause sehr fleißig.
Er geht nur selten mit Chantal seiner Freundin ins Kino oder ein Eis essen.
Er wünscht sich ein erstaunliches Buch ein Schulbuch zum Geburtstag.
Am Samstag dem 3.10. feiert er und hat alle Mitschüler eingeladen.
Herr Meier unser Klassenlehrer ist natürlich auch eingeladen.

[Lösung, auf dem Kopf stehend: Mein Sitznachbar, der Junge mit den guten Noten, lernt zuhause sehr fleißig. Er geht nur selten mit Chantal, seiner Freundin, ins Kino oder ein Eis essen. Er wünscht sich ein erstaunliches Buch, ein Schulbuch, zum Geburtstag. Am Samstag, dem 3.10., feiert er und hat alle Mitschüler eingeladen. Herr Meier, unser Klassenlehrer, ist natürlich auch eingeladen.]

Arbeite mit einem Mitschüler zusammen. Bildet ähnliche Sätze über Personen aus eurem Bekanntenkreis.

Schreiben

Rechtschreibung – Zeichensetzung

Setze bei den Einschüben die Kommas. Kreuze die beiden Sätze an, die keine Einschübe enthalten.

☐ Die Anden das längste Gebirge der Welt liegen in Südamerika.
☐ Der Ladogasee Europas größter See liegt in Russland.
☐ Die Menschen in Großbritannien Europas größter Insel sind verrückt nach Fußball.
☐ Die englische Queen ist die älteste Königin Europas.
☐ Der Ätna Europas höchster Vulkan liegt auf Sizilien.
☐ Der Marianengraben ist die tiefste Stelle der Weltmeere.

> Manchmal folgt auf ein Nomen ein Einschub, der weitere Informationen zu diesem Nomen liefert. Solch ein Einschub wird auch Apposition genannt. Am Anfang und am Ende einer Apposition steht jeweils ein Komma.

Lösung (auf dem Kopf):
☐ Die Anden, das längste Gebirge der Welt, liegen in Südamerika.
☐ Der Ladogasee, Europas größter See, liegt in Russland.
☐ Die Menschen in Großbritannien, Europas größter Insel, sind verrückt nach Fußball.
☒ Die englische Queen ist die älteste Königin Europas.
☐ Der Ätna, Europas höchster Vulkan, liegt auf Sizilien.
☒ Der Marianengraben ist die tiefste Stelle der Weltmeere.

Arbeite mit einem Mitschüler zusammen. Weshalb haben zwei der Sätze keine Apposition? Besprecht euch.

Rechtschreibung – Zeichensetzung

Formuliere die Sätze wie im Beispiel als Apposition.

Beispiel: Der Fahrer war 99 Jahre alt und konnte sich aus dem brennenden Fahrzeug retten.
Der Fahrer, 99 Jahre alt, konnte sich aus dem brennenden Fahrzeug retten.

Manuel Neuer ist Deutschlands bester Torhüter und steht im Tor der Nationalmannschaft.

_____

_____

Aljona Savchenko ist eine deutsch-ukrainische Eiskunstläuferin und gewann mit ihrem ehemaligen Partner Robin Szolkowy fünfmal die Weltmeisterschaften im Paarlauf.

_____

_____

Natalie Geisenberger ist zweimalige Doppel-Olympiasiegerin und hält den Rekord für die meisten Einzelsiege der Frauen im Rennrodeln.

_____

Lösung (auf dem Kopf):
Manuel Neuer, Deutschlands bester Torhüter, steht im Tor der Nationalmannschaft. Aljona Savchenko, eine deutsch-ukrainische Eiskunstläuferin, gewann mit ihrem ehemaligen Partner Robin Szolkowy fünfmal die Weltmeisterschaften im Paarlauf. Natalie Geisenberger, zweimalige Doppel-Olympiasiegerin, hält den Rekord für die meisten Einzelsiege der Frauen im Rennrodeln.

Schreiben

Rechtschreibung – Zeichensetzung

1. Bei der Verwendung von wörtlicher Rede ist die Zeichensetzung besonders wichtig. Ergänze zunächst die Regeln. Die Wörter im Kasten helfen dir.

> Begleitsatz   vor oder nach   wörtliche Rede

Mit Anführungszeichen schließt du das ein, was wörtlich gesagt wird, die _____.

Der Satz, der uns mitteilt, wer etwas sagt, ist der _____.

Der Begleitsatz kann _____ der wörtlichen Rede stehen.

(Lösung, umgedreht abgedruckt:)
Mit Anführungszeichen schließt du das ein, was wörtlich gesagt wird, die wörtliche Rede.
Der Satz, der uns mitteilt, wer etwas sagt, ist der Begleitsatz.
Der Begleitsatz kann vor oder nach der wörtlichen Rede stehen.

2. Setze Anführungszeichen und Kommas.

Ich habe die Hausaufgaben vergessen sagt Murat.
Und meine hat mein Hund gefressen ruft Stefan dazwischen.
Das interessiert mich überhaupt nicht schimpft der Lehrer ihr müsst beide heute nacharbeiten.

(Lösung, umgedreht abgedruckt:)
„Ich habe die Hausaufgaben vergessen", sagt Murat.
„Und meine hat mein Hund gefressen", ruft Stefan dazwischen.
„Das interessiert mich überhaupt nicht", schimpft der Lehrer, „ihr müsst beide heute nacharbeiten."

👥 **Arbeite mit einem Mitschüler zusammen. Jan weigert sich, seine Hausaufgaben zu machen. Notiert ein Streitgespräch mit seiner Mutter. Achtet dabei auf die wörtliche Rede.**

Rechtschreibung – Zeichensetzung

Unterstreiche die wörtliche Rede. Setze anschließend die Anführungszeichen ein.

Die Reporterin fragt: Wie fühlen sie sich, endlich wieder in Deutschland zu sein?
Auf diesen Moment habe ich lange gewartet. Meine Fans in Deutschland sind die besten, antwortet der Rockstar.
Die Journalistin fragt nach: Was erwartet ihre Fans auf dem Konzert?
Meine Fans, antwortet der Rockstar, werden sich die Augen reiben, so eine bombastische Bühnenshow habe ich.
Na dann, beendet die Reporterin das Interview, lassen wir uns alle überraschen.

(Lösung, umgedreht abgedruckt:)
Die Reporterin fragt: „Wie fühlen sie sich, endlich wieder in Deutschland zu sein?"
„Auf diesen Moment habe ich lange gewartet. Meine Fans in Deutschland sind die besten", antwortet der Rockstar.
Die Journalistin fragt nach: „Was erwartet ihre Fans auf dem Konzert?"
„Meine Fans", antwortet der Rockstar, „werden sich die Augen reiben, so eine bombastische Bühnenshow habe ich."
„Na dann", beendet die Reporterin das Interview, „lassen wir uns alle überraschen."

👥 **Arbeite mit einem Mitschüler zusammen. Führt ein ähnliches Interview mit einem eurer Lieblingsstars und schreibt es auf.**

Schreiben

Rechtschreibung – Zeichensetzung

Setze bei diesen Sätzen Anführungszeichen und Kommas an den richtigen Stellen ein.

Wer hat hier mit Papierkügelchen geworfen? fragt die Lehrerin streng.

Was habt ihr heute wieder ausgefressen? will der Vater von seinen Söhnen wissen.

Der Rektor schimpft: Weshalb ist es in dieser Klasse immer so laut?

Der Hausmeister beklagt sich: Warum nur muss immer ich den Dreck wegmachen?

Hier klebt Kaugummi unter dem Tisch schimpft Stefan wütend das ist ja eklig!

> „Wer hat hier mit Papierkügelchen geworfen?", fragt die Lehrerin streng.
> „Was habt ihr heute wieder ausgefressen?", will der Vater von seinen Söhnen wissen.
> Der Rektor schimpft: „Weshalb ist es in dieser Klasse immer so laut?"
> Der Hausmeister beklagt sich: „Warum nur muss immer ich den Dreck wegmachen?"
> „Hier klebt Kaugummi unter dem Tisch", schimpft Stefan wütend, „das ist ja eklig!"

Arbeite mit einem Mitschüler zusammen. Formuliert ähnliche Sätze, die eure Freunde oder Bekannten sagen könnten.

Rechtschreibung – Zeichensetzung

Unterstreiche die wörtliche Rede. Setze anschließend Doppelpunkte, Kommas und Anführungszeichen ein.

Der Trainer wütet So eine schlechte Leistung habe ich noch nie gesehen!

Ihr habt euch nicht an die Taktik gehalten schimpft er weiter.

Kleinlaut fragt der Stürmer nach Haben wir denn überhaupt eine Taktik besprochen?

Der Spielmacher schüttelt den Kopf Wir sind so eine Chaostruppe!

Ich will nicht mehr im Tor stehen klagt der Torhüter die Stürmer schießen immer so hart.

Am besten wirft der Präsident des Fußballvereins ein lösen wir den Klub auf.

> Der Trainer wütet: „So eine schlechte Leistung habe ich noch nie gesehen!"
> „Ihr habt euch nicht an die Taktik gehalten", schimpft er weiter.
> Kleinlaut fragt der Stürmer nach: „Haben wir denn überhaupt eine Taktik besprochen?"
> Der Spielmacher schüttelt den Kopf: „Wir sind so eine Chaostruppe!"
> „Ich will nicht mehr im Tor stehen", klagt der Torhüter, „die Stürmer schießen immer so hart."
> „Am besten", wirft der Präsident des Fußballvereins ein, „lösen wir den Klub auf."

Arbeite mit einem Mitschüler zusammen. Identifiziert in den Sätzen die Begleitsätze und besprecht euch, ob es sich um vorgestellte, nachgestellte oder eingeschobene Begleitsätze handelt. Was ist für euch am schwierigsten? Diskutiert.

Schreiben

Rechtschreibung – Zeichensetzung

Setze bei diesen Sätzen Anführungszeichen und Satzzeichen an den richtigen Stellen ein.

Das Tor des Gegners war eindeutig Abseits schimpft der Torhüter.
Der Rennfahrer beklagt sich Mein Auto war viel langsamer als das der anderen.
Die Boxhandschuhe sind viel zu schwer meckert der Boxer.
Müssen wir denn wirklich diesen Berg hinauffahren fragt der Radrennfahrer Der ist wirklich ganz schön steil.
Der Tennisspieler fragt Darf ich auch einen größeren Schläger verwenden?

> "Das Tor des Gegners war eindeutig Abseits", schimpft der Torhüter.
> Der Rennfahrer beklagt sich: "Mein Auto war viel langsamer als das der anderen."
> "Die Boxhandschuhe sind viel zu schwer", meckert der Boxer.
> "Müssen wir denn wirklich diesen Berg hinauffahren?", fragt der Radrennfahrer. "Der ist wirklich ganz schön steil."
> Der Tennisspieler fragt: "Darf ich auch einen größeren Schläger verwenden?"

Arbeite mit einem Mitschüler zusammen. Formuliert ähnliche Sätze für andere Sportarten.

Rechtschreibung – Zeichensetzung

Notiere den Text in korrekter Schreibweise. Setze auch Satzzeichen und Anführungszeichen ein.

Der Pilot begrüßt die Fluggäste Herzlich willkommen, meine Damen und Herren
Der ältere Passagier schimpft Die Sitzplätze hier sind viel zu klein
Darf ich ins Cockpit quengelt der kleine Junge
Die Stewardess verteilt Kopfkissen und bittet schnallen Sie sich bitte an
Ich habe Flugangst seufzt ein allein reisender Mann Hoffentlich überstehe ich das
Mein Mobiltelefon schalte ich nicht aus meckert der Geschäftsmann dafür bin ich zu wichtig

> Der Pilot begrüßt die Fluggäste: "Herzlich willkommen, meine Damen und Herren."
> Der ältere Passagier schimpft: "Die Sitzplätze hier sind viel zu klein."
> "Darf ich ins Cockpit?", quengelt der kleine Junge.
> Die Stewardess verteilt Kopfkissen und bittet: "Schnallen Sie sich bitte an."
> "Ich habe Flugangst", seufzt ein allein reisender Mann, "hoffentlich überstehe ich das."
> "Mein Mobiltelefon schalte ich nicht aus", meckert der Geschäftsmann, "dafür bin ich zu wichtig."

Arbeite mit einem Mitschüler zusammen. Vergleicht eure Lösungen. Besprecht schwierige Stellen.

Schreiben

Rechtschreibung – Individuelle Fehlerschwerpunkte

(Kärtchen 1)

Arbeite mit einem Mitschüler zusammen. Diktiert euch abwechselnd die beiden Texte. Einer schreibt Text A, der andere Text B. Geht dazu folgendermaßen vor:

1. Lest den Text einmal ganz vor.
2. Lest den ersten Satz ganz vor und diktiert ihn anschließend langsam und in Wortgruppen mit je drei oder vier Wörtern.
3. Am Ende des Diktats wird der Text nochmals komplett vorgelesen.
4. Abschließend liest der Schreiber seinen Text nochmals alleine und in Ruhe Korrektur.

Text A: Die Weiße Rose

Die Weiße Rose war eine Widerstandsgruppe, die im Dritten Reich gegen den Nationalsozialismus kämpfte. In ihr waren vor allem Studenten engagiert. Die Weiße Rose berief sich auf christliche und humanistische Werte. Gegründet wurde sie während des Zweiten Weltkriegs von Hans Scholl und seinen Freunden. Gemeinsam verfassten, druckten und verteilten sie Flugblätter, auf denen sie die Verbrechen der herrschenden Nationalsozialisten kritisierten und zum Widerstand aufriefen. Das Verteilen dieser Flugblätter erledigte die Gruppe zuerst in ihrer Heimatstadt München, später über Boten auch in anderen deutschen Städten.
Später schrieben sie in geheimen, nächtlichen Aktionen auch Botschaften an öffentliche Fassaden in München. In diesen verurteilten sie den Nationalsozialismus und Adolf Hitler.
Am Morgen des 18.02.1943 wurden die wichtigsten Mitglieder der Weißen Rose verhaftet. Später wurden sie zum Tode verurteilt und hingerichtet.
Heute noch ist die Weiße Rose eines der bekanntesten Beispiele für den Widerstand gegen den Nationalsozialismus. In München wurde eine Gedenkstätte für die getöteten Mitglieder eingerichtet. Außerdem wurde der Platz, an dem das Hauptgebäude der Münchner Universität steht, nach Hans Scholl und seiner Schwester Sophie Geschwister-Scholl-Platz benannt.

Text B: Die Teilung Deutschlands

Wenn von einer Teilung oder Spaltung Deutschlands die Rede ist, meint man damit die Existenz von zwei deutschen Staaten in der Zeit zwischen 1949 und 1990.
Nachdem Deutschland den Zweiten Weltkrieg verloren hatte, wurde es in vier Besatzungszonen aufgeteilt. Jede der Siegermächte USA, Frankreich, Großbritannien und Russland war für eine Zone verantwortlich, stationierte dort ihre Soldaten und kümmerte sich um die Verwaltung. Allerdings hatte sich schon gegen Ende des Krieges gezeigt, dass das Bündnis der vier Staaten wohl nicht lange halten würde. Die drei westlichen Länder misstrauten dem östlichen Partner Russland und dieser misstraute ihnen. Nachdem Deutschland kapituliert hatte, wuchsen die Probleme zwischen den Siegermächten. Sie stritten sich über die Frage, wie viel Deutschland als Wiedergutmachung zahlen sollte. Außerdem hatten die USA, Frankreich und Großbritannien Angst, Russland könnte ein vereinigtes Deutschland nach ihrem Abzug einfach ganz besetzen. So entschied man sich dafür, Deutschland in einen West- und einen Ostteil zu spalten. Im Westen entstand die Bundesrepublik Deutschland und im Osten die Deutsche Demokratische Republik. Diese Teilung wurde erst 1990 im Zuge der Wiedervereinigung rückgängig gemacht.

Schreiben

Rechtschreibung – Individuelle Fehlerschwerpunkte (Kärtchen 2)

Nehmt die Diktattexte zur Hand und korrigiert eure Texte. Ordnet die Fehler mithilfe der Tabelle Fehlerschwerpunkten zu und legt eine Strichliste an.

Buchstaben vergessen oder verwechselt		Fehler bei schwirigen Wörtern und Fremdwörtern	
Dehnungszeichen (h, ie, aa/ oo/ee) nicht beachtet oder falsch gesetzt		Groß- und Kleinschreibung nicht beachtet	
Konsonantenverdopplung nicht beachtet (z. B. mm, nn, ll, ff)		Großschreibung von Adjektiven und Verben	
b/p, d/t und g/k verwechselt		Groß- und Kleinschreibung von Zeitangaben	
ä/e und äu/eu verwechselt		Getrennt- und Zusammenschreibung	
f, v und ph verwechselt		Kommasetzung	

👥 **Arbeite mit einem Mitschüler zusammen. Überprüft gegenseitig eure Strichlisten. Habt ihr andere Vorschläge für die Zuordnung der gemachten Fehler?**

Rechtschreibung – Individuelle Fehlerschwerpunkte (Kärtchen 3)

Ordne den Fehlerschwerpunkten die Lösungsstrategien zu, indem du sie verbindest.

Buchstaben vergessen oder verwechselt		Lernwörter merken
Konsonantenverdopplung nicht beachtet (z. B. mm, nn, ll, ff)		Lesen mit Flüsterstimme
b/p, d/t und g/k verwechselt		Wortumgebung beachten
Großschreibung von Adjektiven und Verben		in Silben sprechen
f, v und ph verwechselt		Verlängern

Lösung (auf dem Kopf stehend): Buchstaben vergessen oder verwechselt – Lesen mit Flüsterstimme / Konsonantenverdopplung nicht beachtet (z. B. mm, nn, ll, ff) – in Silben sprechen / b/p, d/t und g/k verwechselt – Verlängern / Großschreibung von Adjektiven und Verben – Wortumgebung beachten / f, v und ph verwechselt – Lernwörter merken

👥 **Arbeite mit einem Mitschüler zusammen. Welche weiteren Lösungsstrategien kennt ihr bereits?**

Schreiben

Rechtschreibung – Individuelle Fehlerschwerpunkte (Kärtchen 4)

1. Notiere die drei Fehlerschwerpunkte, bei denen du die meisten Fehler gemacht hast.

   a) _____

   b) _____

   c) _____

2. Finde zu jedem Fehlerschwerpunkt mindestens drei weitere Wörter, bei denen du besonders aufpassen musst. Unterstreiche dabei die schwierige Stelle.

3. Wirf einen Blick auf deine älteren Diktate, Aufsätze und Hefteinträge. Kannst du weitere typische Fehlerschwerpunkte finden? Notiere einen und finde auch hierzu Beispielwörter.

   _____

   _____

Rechtschreibung – Individuelle Fehlerschwerpunkte (Kärtchen 5)

👥 Arbeite mit einem Mitschüler zusammen. Lass dir den zweiten Diktattext diktieren. Wenn du vorhin *Text A: Die Weiße Rose* geschrieben hast, schreibst du jetzt *Text B: Die Teilung Deutschlands*. Wenn du vorhin *Text B: Die Teilung Deutschlands* geschrieben hast, schreibst du jetzt *Text A: Die Weiße Rose*.

Wenn du das Diktat geschrieben hast, führst du die folgenden Schritte durch, um deine Fehler wirklich sicher zu entdecken. Hake jeden Schritt ab, wenn du ihn erledigt hast.

- ☐ Lies den Diktattext noch einmal langsam und sorgfältig durch. Lass dich dabei von nichts anderem ablenken.
- ☐ Lies anschließend aufmerksam Kärtchen 4.
- ☐ Überprüfe anschließend dein Diktat, ob du bei Fehlerschwerpunkt 1 Fehler gemacht hast.
- ☐ Überprüfe anschließend dein Diktat, ob du bei Fehlerschwerpunkt 2 Fehler gemacht hast.
- ☐ Überprüfe anschließend dein Diktat, ob du bei Fehlerschwerpunkt 3 Fehler gemacht hast.
- ☐ Überprüfe anschließend dein Diktat, ob du bei Fehlerschwerpunkt 4 Fehler gemacht hast.
- ☐ Wenn du dann noch Zeit hast, kannst du dein Diktat mit Flüsterstimme lesen, um weitere Fehler aufzudecken.

Schreiben

Rechtschreibung – Individuelle Fehlerschwerpunkte (Kärtchen 6)

Notiere hier fünf Wörter, bei denen du Fehler gemacht hast. Es können Wörter aus den beiden Diktattexten sein oder aus deinen Hefteinträgen, Aufsätzen oder aus älteren Diktaten. Unterstreiche die Stellen, an denen du einen Fehler gemacht hast.

_____

_____

_____

Arbeite mit einem Mitschüler zusammen. So könnt ihr beide eure Rechtschreibung am schnellsten verbessern. Geht dazu folgendermaßen vor:

- Erklärt euch abwechselnd die korrekte Schreibweise eines Fehlerwortes.
- Dabei könnt ihr auch erklären, weshalb ihr hier einen Fehler gemacht habt.
- Der Zuhörer bleibt dabei aufmerksam und gibt Rückmeldung, ob er die Erklärung verstanden hat.

Rechtschreibung – Individuelle Fehlerschwerpunkte (Kärtchen 7)

Um deine Rechtschreibung zu verbessern, kannst du zwei Dinge tun:

1. **Lege ein Rechtschreibheft an, in das du alle Wörter einträgst, die du in Diktaten, Aufsätzen oder Hefteinträgen falsch schreibst. Unterstreiche dabei die Stellen, an denen du einen Fehler gemacht hast.**

2. **Führe jeden Tag eine der folgenden Übungen durch. Sie brauchen nicht viel Zeit; zehn Minuten täglich reichen schon.**

   - Nimm dir eine Zeitung und lies einen Artikel, der dich interessiert. Unterstreiche in diesem Artikel alle besonders schwierigen Wörter. Notiere die Wörter in deinem Rechtschreibheft.
   - Nimm dir einen deiner Fehlerschwerpunkte vor und suche dazu in einer Zeitung in zehn Minuten so viele Wörter wie möglich. Notiere auch diese.
   - Nimm eine Seite aus deinem Rechtschreibheft und begründe bei jedem Wort seine Schreibweise.
   - Überprüfe alte Hefteinträge, ob dein Lehrer dort Rechtschreibfehler angestrichen hat. Notiere diese in deinem Rechtschreibheft.
   - Bitte einen Mitschüler oder deine Eltern, dir Wörter aus deinem Rechtschreibheft zu diktieren.

© Christian Schwier – Fotolia.com

Sprache und Sprachgebrauch untersuchen

Genus verbi – Aktiv und Passiv

1. Entziffere die beiden Merksätze in Geheimschrift.

> Ein Satz steht im Aktiv, wenn die Person oder die Sache im Satz etwas tut.

_____

_____

> Ein Satz steht im Passiv, wenn mit der Person oder Sache etwas getan wird.

_____

_____

> Ein Satz steht im Aktiv, wenn die Person oder die Sache im Satz etwas tut.
> Ein Satz steht im Passiv, wenn mit der Person oder Sache etwas getan wird.

2. Unterstreiche die Person, die etwas tut. Kreise die Person ein, mit der etwas getan wird.

Der Lehrer brüllt laut und unbeherrscht.
Markus wurde wegen Falschparkens angezeigt.
Der neue Schüler wird neugierig ausgefragt.
Meine Mutter wird ständig angerufen.
Unser Trainer wechselt den Verein.

> Der Lehrer brüllt laut und unbeherrscht.
> (Markus) wurde wegen Falschparkens angezeigt.
> (Der neue Schüler) wird neugierig ausgefragt.
> (Meine Mutter) wird ständig angerufen.
> Unser Trainer wechselt den Verein.

Genus verbi – Aktiv und Passiv

Aktiv oder Passiv? Kreuze an, ob die Sätze im Aktiv oder im Passiv stehen. *knicken*

	Aktiv	Passiv	
Der Astronaut überprüft die Funktionen der Rakete.			Aktiv
Er wird von der Rakete ins Weltall katapultiert.			Passiv
Das Bodenpersonal wird von einem lauten Knall erschreckt.			Passiv
Ein Notebook ist zu Boden gefallen.			Aktiv
Die Familie des Astronauten wurde von der Weltraumbehörde eingeladen.			Passiv
Sie jubelt am lautesten über den gelungenen Start.			Aktiv

Sprache und Sprachgebrauch untersuchen

Genus verbi – Aktiv und Passiv

1. Verbinde die Merksätze.

Ein Satz steht im Aktiv,	nicht wichtig und kann weggelassen werden.
In Passivsätzen ist die Person, die etwas tut,	wenn mit der Person oder Sache etwas getan wird.
Ein Satz steht im Passiv,	auf den Handelnden gerichtet.
Beim Aktiv ist der Blick	wenn die Person oder die Sache im Satz etwas tut.

Lösung (auf dem Kopf): Ein Satz steht im Aktiv, wenn die Person oder Sache im Satz etwas tut. In Passivsätzen ist die Person, die etwas tut, nicht wichtig und kann weggelassen werden. Ein Satz steht im Passiv, wenn mit der Person oder Sache etwas getan wird. Beim Aktiv ist der Blick auf den Handelnden gerichtet.

2. Verwandle die Sätze ins Passiv.

Rüdiger schreibt schnell die Hausaufgaben ab.
Der Fahrer wendet den Schulbus.

_____

_____

Lösung (auf dem Kopf): Die Hausaufgaben werden schnell abgeschrieben. / Die Hausaufgaben werden von Rüdiger schnell abgeschrieben. Der Schulbus wird schnell gewendet. / Der Schulbus wird vom Fahrer schnell gewendet.

Genus verbi – Aktiv und Passiv

Setze die Sätze vom Aktiv ins Passiv und vom Passiv ins Aktiv.

knicken

Aktiv	Passiv	
Der Musiker betritt die Bühne.	Die …	Die Bühne wird vom Musiker betreten.
Er …	Die Zuschauer werden begrüßt.	Er begrüßt die Zuschauer.
Er spielt seinen neuesten Song.	Sein …	Sein neuester Song wird gespielt.
Die Zuschauer …	Ein Gitarrensolo wird gefordert.	Die Zuschauer fordern ein Gitarrensolo.
Jemand …	Die Polizei wird gerufen.	Jemand ruft die Polizei.
Die Polizei beendet das Konzert.	Das …	Das Konzert wird beendet.

Sprache und Sprachgebrauch untersuchen

Genus verbi – Aktiv und Passiv

1. **Erkläre den Unterschied zwischen diesen beiden Sätzen.**

   Der Lehrer ruft den Schüler. Der Schüler wird vom Lehrer gerufen.

   _____

   _____

   > Im ersten Satz ist der Lehrer derjenige, der etwas tut. Dieser Satz steht im Aktiv. Im zweiten Satz ist es der Schüler, mit dem etwas geschieht. Dieser Satz steht im Passiv.

2. **Hier ist etwas schiefgelaufen. Bilde sinnvollere Sätze. Achte dabei darauf, abwechselnd das Aktiv und Passiv zu verwenden.**

Das Auto wird vom Baby repariert.	Aktiv: _____
Die Mutter fährt zur Schule.	Passiv: _____
Der Vater stiehlt den Schnuller.	Passiv: _____
Die Mutter macht fleißig Hausaufgaben.	Passiv: _____

   > Es sind auch andere Lösungen möglich: Der Vater repariert das Auto. Der Sohn wird zur Schule gefahren. Dem Baby wird sein Schnuller gestohlen. Die Hausaufgaben werden fleißig gemacht.

Genus verbi – Aktiv und Passiv

1. **Stefan ist begeisterter Basketballspieler. Erkläre, was er alles tut.**

Ball / werfen / Korb	*Stefan* _____
Ball / wegnehmen / Gegner	_____
Ball / passen / Mitspieler	_____
Ball / aufpumpen / regelmäßig	_____

   > Stefan wirft den Ball in den Korb. Er nimmt den Ball dem Gegner weg. Er passt den Ball zum Mitspieler. Er pumpt den Ball regelmäßig auf.

2. **Erkläre im Heft, was mit dem Ball getan wird.**

   Der Ball wird in _____

   > Der Ball wird in den Korb geworfen. Der Ball wird dem Gegner weggenommen. Der Ball wird zum Mitspieler gepasst. Der Ball wird regelmäßig aufgepumpt.

Sprache und Sprachgebrauch untersuchen

Genus verbi – Aktiv und Passiv

1. Verwandle die folgenden Sätze ins Passiv.

Der Hund verfolgt die Katze. _____

Der Enkel hilft der Großmutter. _____

> Die Katze wird vom Hund verfolgt. Der Großmutter wird vom Enkel geholfen.

2. Verwandle die folgenden Sätze ins Aktiv.

Der Bankautomat wird von den Räubern aus der Wand gerissen. _____

Das Fluchtauto wird von den Verbrechern stehen gelassen. _____

Die Polizei wird an der Nase herumgeführt. _____

> Die Räuber reißen den Bankautomat aus der Wand. Die Verbrecher lassen das Fluchtauto stehen. Jemand führt die Polizei an der Nase herum.

Arbeite mit einem Mitschüler zusammen. Überlegt: Was macht den letzten Satz schwer?

Genus verbi – Aktiv und Passiv

Bilde Sätze im Passiv.

Glühbirne – Thomas Edison – erfunden

_____

Amerika – Leif Eriksson – entdeckt

_____

deutsche Nationalhymne – Joseph Haydn – komponiert

_____

> Die Glühbirne wurde von Thomas Edison erfunden.
> Amerika wurde von Leif Eriksson entdeckt.
> Die deutsche Nationalhymne wurde von Joseph Haydn komponiert.

Arbeite mit einem Mitschüler zusammen. Übertragt die Sätze mündlich ins Aktiv.

Sprache und Sprachgebrauch untersuchen

Genus verbi – Aktiv und Passiv

Immer nur *man* – das klingt nicht schön. Übertrage die Regeln der Rechtschreibung ins Passiv.

Nomen schreibt man groß.

_____

Auch Wörter am Satzanfang schreibt man groß.

_____

Ein ß schreibt man nur nach einem langen Vokal oder einem Diphthong.

_____

Bei einer Aufzählung verwendet man Kommas.

_____

Die Buchstabenkombination ck trennt man nie.

_____

> Nomen werden großgeschrieben. Auch Wörter am Satzanfang werden großgeschrieben. Ein ß wird nur nach einem langen Vokal oder einem Diphthong geschrieben. Bei einer Aufzählung werden Kommas verwendet. Die Buchstabenkombination ck wird nie getrennt.

Arbeite mit einem Mitschüler zusammen. Notiert fünf weitere Rechtschreibregeln in euren Heften. Verwendet dabei das Passiv.

Genus verbi – Aktiv und Passiv

Bestimme die Verbformen wie im Beispiel.

	Person	Singular	Plural	Aktiv	Passiv	
Du wirst getragen.	2.	x			x	2. Pers. Sg. Passiv
Sie wird besiegt.						3. Pers. Sg. Passiv
Die Lehrerin kontrolliert das Hausaufgabenheft.						3. Pers. Sg. Aktiv
Ich suche das Bernsteinzimmer.						1. Pers. Sg. Aktiv
Wir wurden vom Schiedsrichter benachteiligt.						1. Pers. Pl. Passiv
Die Autofahrer schimpfen über fehlende Parkplätze.						3. Pers. Pl. Aktiv
Der neue James-Bond-Film wird gedreht.						3. Pers. Sg. Passiv
Ihr lächelt für die Kameras.						2. Pers. Pl. Aktiv
Ihr wurdet reingelegt.						2. Pers. Pl. Passiv

Arbeite mit einem Mitschüler zusammen. Übertragt die Sätze im Aktiv ins Passiv und die Sätze im Passiv ins Aktiv. Notiert eure Sätze in eure Hefte.

Sprache und Sprachgebrauch untersuchen

Genus verbi – Aktiv und Passiv

Bilde sinnvolle Sätze mit den folgenden Verbformen.

2. Person Singular Passiv – *belohnen*

_____

1. Person Singular Aktiv – *tragen*

_____

3. Person Plural Passiv – *lesen*

_____

2. Person Plural Passiv – *bestrafen*

_____

1. Person Singular Aktiv – *hören*

_____

Genus verbi – Aktiv und Passiv

In zehn Minuten eine leckere Torte zaubern? Das ist möglich mit Sylvies Rezept! Setze alle Zubereitungsschritte ins Passiv.

Zuerst mischst du die Sahne mit dem Sahnesteif und dem Vanillezucker.

Zutaten:
4 Becher Sahne
2 Päckchen Vanillezucker
4 Päckchen Sahnesteif
300 g Erdbeeren
ein Tortenboden

_____

_____

Dann schlägst du die Sahne steif und verteilst die Hälfte auf dem Tortenboden.

_____

Du wäschst und halbierst die Erdbeeren.

_____

Dann verteilst du die meisten Erdbeeren auf der Sahneschicht.

_____

Du verstreichst die restliche Sahne auf den Beeren.

_____

Ganz zum Schluss verteilst du die restlichen Erdbeeren auf der Torte und stellst den Kuchen kalt.

_____

[Lösung, auf dem Kopf gedruckt:] Zuerst wird die Sahne mit dem Sahnesteif und dem Vanillezucker gemischt. Dann wird die Sahne steif geschlagen und die Hälfte auf dem Tortenboden verteilt. Die Erdbeeren werden gewaschen und halbiert. Dann werden die meisten Erdbeeren auf der Sahneschicht verteilt. Die restliche Sahne wird auf den Beeren verstrichen. Ganz zum Schluss werden die restlichen Erdbeeren auf der Torte verteilt und der Kuchen kalt gestellt.

Sprache und Sprachgebrauch untersuchen

Genus verbi – Aktiv und Passiv

Das Passiv gibt es nicht nur im Präsens (Gegenwart). Setze diese Sätze in die angegebenen Formen.

↙ knicken

Aktiv Präsens	Der Trainer wechselt den Stürmer aus.	
Passiv Präsens		Der Stürmer wird vom Trainer ausgewechselt.
Passiv Präteritum		Der Stürmer wurde vom Trainer ausgewechselt.
Passiv Perfekt		Der Stürmer ist vom Trainer ausgewechselt worden.
Aktiv Präsens	Die Feuerwehr löscht das Feuer.	
Passiv Präsens		Das Feuer wird von der Feuerwehr gelöscht.
Passiv Präteritum		Das Feuer wurde von der Feuerwehr gelöscht.
Passiv Perfekt		Das Feuer ist von der Feuerwehr gelöscht worden.

Genus verbi – Aktiv und Passiv

Das Passiv gibt es nicht nur im Präsens (Gegenwart). Setze auch diese Sätze ins Passiv. Behalte die Zeit bei.

Die Indianer begrüßten die ersten europäischen Seefahrer mit Geschenken.

_____

Im Jahr 2022 wird ein Raumschiff den ersten Touristen zum Mond bringen.

_____

Der Westfälische Frieden beendete den Dreißigjährige Krieg.

_____

In der Steinzeit jagte der Mensch Mammuts und sammelte Beeren.

_____

Wie jedes Jahr wird auch im nächsten Finale Real Madrid seinen Gegner an die Wand spielen.

_____

> *(Lösungen, auf dem Kopf stehend:)*
> Die ersten europäischen Seefahrer wurden von den Indianern mit Geschenken begrüßt.
> Im Jahr 2022 wird der erste Tourist von einem Raumschiff zum Mond gebracht werden.
> Der Dreißigjährige Krieg wurde vom Westfälischen Frieden beendet.
> In der Steinzeit wurden Mammuts vom Menschen gejagt und Beeren von ihm gesammelt.
> Wie jedes Jahr wird auch im nächsten Finale der Gegner von Real Madrid an die Wand gespielt werden.

Sprache und Sprachgebrauch untersuchen

Wir wiederholen die Zeiten

Dass man Verben in verschiedene Zeiten setzen kann, weißt du natürlich schon lange. Wiederhole hier dein Wissen.

1. Gib an, ob die Sätze im Präsens, Präteritum, Perfekt oder im Futur I stehen.

Der erste Mann auf dem Mond war Amerikaner. _____

Der größte Mann der Welt lebt in China. _____

Meinen 18. Geburtstag werde ich kräftig feiern. _____

Wir haben im Urlaub lecker gegessen. _____

(Lösung, auf dem Kopf: Präteritum – Präsens – Futur I – Perfekt)

2. Bilde sinnvolle Sätze in der jeweils angegebenen Zeit.

Futur I – *verschenken* _____

Präteritum – *baden* _____

Präsens – *feiern* _____

Perfekt – *untersuchen* _____

3. Bestimme die Verbformen wie im Beispiel durch Ankreuzen. *knicken*

	Person			Numerus		Tempus (Zeit)				
	1.	2.	3.	Sg.	Pl.	Präs.	Futur I	Prät.	Perf.	
er ging			x	x				x		3. P. Sg. Prät.
wir werden putzen										1. P. Pl. Futur I
ich habe geflüstert										1. P. Sg. Perf.
ich werde feiern										1. P. Sg. Futur I
du hast gelogen										2. P. Sg. Perf.
es regnete										3. P. Sg. Prät.
sie brüllt										3. P. Sg. Präs.
wir stritten										1. P. Pl. Prät.

Sprache und Sprachgebrauch untersuchen

Zeitformen – Das Plusquamperfekt

1. Ordne die Sätze den Zeiten zu. Eine Zeile bleibt dabei leer.

Futur I   Perfekt   Präteritum   Präsens

Es tut mir leid.	
Heute Morgen beeilte ich mich.	
Ich habe den Wecker gestellt.	
Ich hatte die Haltestelle nicht gefunden.	
Ich werde in Zukunft pünktlich sein.	

> Es tut mir leid. – Präsens / Heute Morgen beeilte ich mich. – Präteritum / Ich habe den Wecker gestellt. – Perfekt / Ich werde in Zukunft pünktlich sein. – Futur I

2. Der Satz, der übrig geblieben ist, steht im Plusquamperfekt. Notiere ihn hier:

_____

> Ich hatte die Haltestelle nicht gefunden.

Zeitformen – Das Plusquamperfekt

Wenn du etwas im Präteritum erzählst, kannst du das Plusquamperfekt verwenden, um zu sagen, was noch früher geschehen ist. Das Plusquamperfekt setzt sich aus dem Präteritum von haben oder sein und dem Partizip Perfekt zusammen.

Was ist zuerst passiert? Unterstreiche diesen Satzteil. Er steht im Plusquamperfekt.

Ihm war schlecht, nachdem er zwölf Stück Torte gegessen hatte.

Nachdem sie die Klassenarbeit zurückbekommen hatte, war sie schlecht gelaunt.

Im Urlaub war ich völlig fertig, nachdem wir den ganzen Tag gewandert waren.

Die Polizei verhörte auch meinen Vater, nachdem sie die Betrüger gefasst hatten.

Nachdem das Flugzeug gestartet war, geriet es sofort in Turbulenzen.

> Ihm war schlecht, nachdem er 12 Stück Torte gegessen hatte.
> Nachdem sie die Klassenarbeit zurückbekommen hatte, war sie schlecht gelaunt.
> Im Urlaub war ich völlig fertig, nachdem wir den ganzen Tag gewandert waren.
> Die Polizei verhörte auch meinen Vater, nachdem sie die Betrüger gefasst hatten.
> Nachdem das Flugzeug gestartet war, geriet es sofort in Turbulenzen.

Arbeite mit einem Mitschüler zusammen. Bestimmt in den Sätzen das Hilfsverb und das Partizip Perfekt.

Sprache und Sprachgebrauch untersuchen

Zeitformen – Das Plusquamperfekt

Das Plusquamperfekt wird auch Vorvergangenheit genannt. In dieser Zeitform schilderst du Ereignisse, die vor dem Präteritum oder Perfekt geschehen sind. Du bildest das Plusquamperfekt mit dem Hilfsverb *haben* oder *sein* und dem Partizip Perfekt.

Unterstreiche den Satzteil, der im Plusquamperfekt steht. Umkreise das Hilfsverb und das Partizip Perfekt.

Obwohl ich zwei Wochen gelernt hatte, lief die Klausur nicht wirklich gut.

Nachdem ich dreimal gefehlt hatte, schmiss mich der Trainer aus dem Kader.

Meine Mutter schimpfte mit mir, weil ich mehrmals den Abwasch vergessen hatte.

Ich hatte meine Großtante zu Besuch gehabt, bevor ich endlich gemütlich fernsehen konnte.

> Obwohl ich zwei Wochen gelernt hatte, lief die Klausur nicht wirklich gut.
> Nachdem ich dreimal gefehlt hatte, schmiss mich der Trainer aus dem Kader.
> Meine Mutter schimpfte mit mir, weil ich mehrmals den Abwasch vergessen hatte.
> Ich hatte meine Großtante zu Besuch gehabt, bevor ich endlich gemütlich fernsehen konnte.

Zeitformen – Das Plusquamperfekt

1. Ergänze die Verbformen des Plusquamperfekts mit *haben*.

Wir _____ gerade das Abendessen _____, als es an der Tür klingelte.	beenden
Mein Vater öffnete die Wohnungstür, nachdem er einen Blick durch den Türspion _____ _____.	werfen
Davor stand unsere Nachbarin, die scheinbar _____ _____.	weinen
Sie erzählte uns von ihrem Hund, nachdem meine Mutter ihr eine Tasse Tee _____ _____.	machen

2. Ergänze die Verbformen des Plusquamperfekts mit *sein*.

Sie konnte ihn nirgends finden, nachdem sie alleine _____ _____.	ausgehen
Als sie wieder zu Hause _____, suchte sie ihn in der ganzen Wohnung.	ankommen
Bisher _____ er auf ihr Rufen immer _____.	erscheinen

> 1. Wir hatten gerade das Abendessen beendet, als es an der Tür klingelte. Mein Vater öffnete die Wohnungstür, nachdem er einen Blick durch den Türspion geworfen hatte. Davor stand unsere Nachbarin, die scheinbar geweint hatte. Sie erzählte uns von ihrem Hund, nachdem meine Mutter ihr eine Tasse Tee gemacht hatte.
> 2. Sie konnte ihn nirgends finden, nachdem sie alleine ausgegangen war. Als sie wieder zu Hause angekommen war, suchte sie ihn in der ganzen Wohnung. Bisher war er auf ihr Rufen immer erschienen.

Sprache und Sprachgebrauch untersuchen

Zeitformen – Das Plusquamperfekt

Bilde Sätze mit Präteritum und Plusquamperfekt.

eigentlich – Fahrradtour machen wollen – Reifen platt stechen

Ich wollte eigentlich eine Fahrradtour machen, aber jemand hatte meine Reifen platt gestochen.

eigentlich – Brotzeit machen wollen – Pausenbrot vergessen

_____

bevor – Fans klatschen lange Zeit – Star auf Bühne erscheinen

_____

erst – nachdem alle essen – aufstehen dürfen

_____

> [Lösung, auf dem Kopf gedruckt:] Ich wollte eigentlich Brotzeit machen, aber ich hatte mein Pausenbrot vergessen. Bevor der Star auf der Bühne erschien, hatten die Fans lange Zeit geklatscht. Erst nachdem alle gegessen hatten, durften wir aufstehen.

Zeitformen – Das Plusquamperfekt

Ergänze die Lücken mit den richtigen Verbformen.

ankommen	Als wir am Flughafen _____, merkten wir, dass wir unsere
vergessen	Tickets _____.
zurückfahren	Mein Vater _____ schnell _____, konnte die
finden	Tickets zu Hause jedoch nicht _____.
weinen	Nachdem meine Schwester heftig _____,
machen	_____ uns die Fluggesellschaft ein Angebot.
absagen	Weil andere Fluggäste _____,
bekommen	_____ wir ihre Tickets und ihre Plätze.
gehen	Nachdem die anderen Passagiere zu ihren Plätzen _____
setzen	_____, _____ wir uns auf unsere Sitze.
buchen	Die verhinderten Urlauber _____ jedoch in der ersten Klasse
sitzen	_____, weshalb wir nun auf Ledersitzen _____
schmecken	und uns das richtig gute Essen _____ ließen.

> [Lösung, auf dem Kopf gedruckt:] Als wir am Flughafen ankamen, merkten wir, dass wir unsere Tickets vergessen hatten. Mein Vater war schnell zurückgefahren, konnte die Tickets zu Hause jedoch nicht finden. Nachdem meine Schwester heftig geweint hatte, machte uns die Fluggesellschaft ein Angebot. Weil andere Fluggäste abgesagt hatten, bekamen wir ihre Tickets und ihre Plätze. Nachdem die anderen Passagiere zu ihren Plätzen gegangen waren, setzten wir uns auf unsere Sitze. Die verhinderten Urlauber hatten jedoch in der ersten Klasse gebucht, weshalb wir nun auf Ledersitzen saßen und uns das richtig gute Essen schmecken ließen.

Sprache und Sprachgebrauch untersuchen

Zeitformen – Das Plusquamperfekt

Bevor oder *nachdem*? Kreuze an.

	bevor	nachdem	
Wir hatten die Tickets gekauft,			wir zum Musikfestival fuhren.
Wir feierten bis tief in die Nacht,			wir den Pokal gewonnen hatten.
Meine Schwester weinte vor Freude,			sie geheiratet hatte.
Ich hatte meine Eltern um Erlaubnis gefragt,			ich abends in die Disco ging.
Die Polizei beendete den Einsatz,			er sich als Fehlalarm herausgestellt hatte.
Die Demonstranten hatten sich maskiert,			sie die Polizei mit Farbballons bewarfen.

[Lösung: bevor, nachdem, nachdem, bevor, nachdem, bevor]

Zeitformen – Das Plusquamperfekt

Bilde Sätze im Plusquamperfekt.

Stefanie hatte all ihre Freunde zu einer Party eingeladen,

einkaufen   sie _____ Säfte _____ ,

besorgen   sie _____ Süßigkeiten _____ ,

backen   sie _____ Kuchen _____ ,

aussuchen   sie _____ passende Musik _____ ,

freiräumen   sie _____ das Wohnzimmer als Tanzfläche _____ ,

bringen   sie _____ den Wellensittich in Sicherheit _____ , …

… doch dann kamen ihre Eltern früher aus dem Urlaub zurück.

[Lösung:
einkaufen – sie hatte Säfte eingekauft,
besorgen – sie hatte Süßigkeiten besorgt,
backen – sie hatte Kuchen gebacken,
aussuchen – sie hatte passende Musik ausgesucht,
freiräumen – sie hatte das Wohnzimmer als Tanzfläche freigeräumt,
bringen – sie hatte den Wellensittich in Sicherheit gebracht …]

Sprache und Sprachgebrauch untersuchen

Zeitformen – Das Plusquamperfekt

Vervollständige die Sätze. Bilde dabei Präteritum und Plusquamperfekt. Die Wörter im Kasten helfen dir dabei.

> machen   essen   erhalten   warnen   besteigen   schreiben   beißen   empfehlen

Gestern _____ meine Großmutter die Karte, die ich im Urlaub _____ _____.

Wir _____ ein Foto von dem Berg, den wir _____.

Unser Freund_____ uns ein Restaurant _____, in dem wir dann jeden Abend _____.

Obwohl der Besitzer uns _____, _____ wir vom Hund _____.

> [Lösung auf dem Kopf abgedruckt:]
> Gestern erhielt meine Großmutter die Karte, die ich im Urlaub geschrieben hatte.
> Wir machten ein Foto von dem Berg, den wir bestiegen hatten.
> Unser Freund hatte uns ein Restaurant empfohlen, in dem wir dann jeden Abend aßen.
> Obwohl der Besitzer uns gewarnt hatte, wurden wir vom Hund gebissen.

Arbeite mit einem Mitschüler zusammen. Der letzte Satz ist besonders schwierig. Woran liegt das? Besprecht euch.

Zeitformen – Das Plusquamperfekt

Suche dir einen Mitspieler.
- Auf den Streifen sind Sätze im Präteritum notiert.
- Verteilt die Satzstreifen auf dem Tisch.
- Wählt immer zwei und verbindet diese so miteinander, dass eine Vorzeitigkeit deutlich wird.
- Dafür müsst ihr die Worte *bevor* oder *nachdem* verwenden und einen der Sätze in das Plusquamperfekt setzen.
- Die Sätze müssen nicht sinnvoll sein – sie sollen sogar lustig, seltsam oder komisch sein.
- Notiert mindestens zehn Kombinationen in euren Heften.

Wir wuschen unsere Kleidung.	Ich jagte das Kaninchen.	Wir bauten die Zelte ab.
Wir entfachten ein Lagerfeuer.	Ich sattelte die Pferde.	Ich öffnete den Käfig.
Ich verspürte großen Hunger und Durst.	Wir kämpften uns den Berg hinauf.	Das ganze Dorf musterte uns argwöhnisch.
Die anderen schauten verblüfft.	Der Indianer sprang aus dem Zelt.	Das Handy funktionierte nicht.
Er drohte mit dem Rechtsanwalt.	Die Bäume wiegten sich im Wind.	Die Wolken verdunkelten den Himmel.
Meine kleine Schwester stotterte vor Aufregung.		

Freiarbeitsmaterialien für die 8. Klasse: Deutsch

Sprache und Sprachgebrauch untersuchen

Zeitformen – Das Futur II

Das Futur II verwendest du, um eine abgeschlossene Handlung in der Zukunft vorherzusagen oder um eine abgeschlossene Vermutung auszudrücken.

Kreuze an, ob es sich um eine Vorhersage über eine Handlung in der Zukunft oder um eine Vermutung handelt.

knicken

	Handlung	Vermutung	
Wir haben schon halb neun und Stefan ist noch immer nicht da. Er wird wohl den Bus verpasst haben.			V
Wenn ich 18 Jahre alt bin, werde ich bereits eine Ausbildung angefangen haben.			H
Im 22. Jahrhundert wird man alles Erdöl aufgebraucht haben.			H
Ein Fahrzeug kam von der Straße ab. Der Fahrer wird die Kontrolle verloren haben.			V
Meine Schwester hat das beste Zeugnis der ganzen Schule. Sie wird mehr gelernt haben als die anderen.			V
Im Jahr 2028 werden Außerirdische Kontakt zu uns Menschen aufgenommen haben.			H

Zeitformen – Das Futur II

1. Du setzt das Futur II aus drei Bestandteilen zusammen. Entziffere diese.

> werden + Partizip II + haben oder sein

_____ + _____ + _____

Lösung: werden + Partizip II + haben oder sein

2. Unterstreiche in folgenden Sätzen das Partizip II und umkreise das Hilfsverb *haben* oder *sein*.

Wenn das Finale endet, wird unsere Mannschaft den Gegner vernichtend geschlagen haben.

Murat ist nicht ans Telefon gegangen. Er wird es wohl nicht gehört haben.

Wenn der Marathon zu Ende geht, werde ich allen gezeigt haben, wie fit ich bin.

Darryl muss die achte Klasse wiederholen. Er wird wohl zu wenig gelernt haben.

Mein Bruder hat im Urlaub stark zugenommen. Er wird wohl zu viel gegessen haben.

Sprache und Sprachgebrauch untersuchen

Zeitformen – Das Futur II

Häufig verwendest du das Futur II, um Vermutungen anzustellen. Der US-amerikanische Präsident John F. Kennedy wurde von einem Attentäter erschossen. Um das Motiv ranken sich viele Gerüchte. Formuliere die Behauptungen im Futur II.

John F. Kennedy ist Mitglied der Mafia gewesen.

_____

Der Täter war beim russischen Geheimdienst KGB.

_____

Das FBI hat den wirklichen Täter nicht gefasst.

_____

John F. Kennedy wurde wegen einer Affäre mit Marilyn Monroe getötet.

_____

> *(Lösung, auf dem Kopf stehend:)*
> John F. Kennedy wird Mitglied der Mafia gewesen sein.
> Der Täter wird beim russischen Geheimdienst KGB gewesen sein.
> Das FBI wird den wirklichen Täter nicht gefasst haben.
> John F. Kennedy wird wegen einer Affäre mit Marilyn Monroe getötet worden sein.

Zeitformen – Das Futur II

Dianas Klassenlehrer ist heute nicht zum Unterricht erschienen. Sie und ihre Mitschüler diskutieren die Gründe. Vervollständige die Sätze. Verwende dabei das Futur II.

finden	Er _____ einen besser bezahlten Job _____.
bekommen	Seine Frau _____ ein Baby _____.
herausfinden	Nein, er hat bestimmt eine Freundin. Seine Frau _____ das _____. Sie _____ ihm die Hölle heiß
machen	_____.
ärgern	Wir _____ ihn zu oft _____.
mobben	Seine Kollegen, die anderen Lehrer, _____ ihn _____.
haben	Er _____ Streit mit unserem Rektor _____.

> *(Lösung, auf dem Kopf stehend:)*
> Er wird einen besser bezahlten Job gefunden haben.
> Seine Frau wird ein Baby bekommen haben.
> Nein, er hat bestimmt eine Freundin. Seine Frau wird das herausgefunden haben.
> Sie wird ihm die Hölle heiß gemacht haben.
> Wir werden ihn zu oft geärgert haben.
> Seine Kollegen, die anderen Lehrer, werden ihn gemobbt haben.
> Er wird Streit mit unserem Rektor gehabt haben.

Sprache und Sprachgebrauch untersuchen

Zeitformen – Das Futur II

Nikita fragt seinen großen Bruder, weshalb die Dinosaurier ausgestorben sind. Formuliere dessen Vermutungen im Futur II.

Warum sind die Dinosaurier ausgestorben?

Außerirdische haben sie vernichtet.
Sie sind in riesigen Raumschiffen zum Mond gereist.
Sie haben auf der Erde nichts mehr zu fressen gefunden und sind verhungert.
Steinzeitmenschen haben sie erlegt und gegrillt.

_____

_____

_____

_____

> [auf dem Kopf stehend:]
> Außerirdische werden sie vernichtet haben.
> Sie werden in riesigen Raumschiffen zum Mond gereist sein.
> Sie werden auf der Erde nichts mehr zu fressen gefunden haben und werden verhungert sein.
> Steinzeitmenschen werden sie erlegt und gegrillt haben.

👥 **Arbeite mit einem Mitschüler zusammen. Weshalb ist der letzte Satz besonders schwierig? Besprecht euch.**

Zeitformen – Das Futur II

Bilde Sätze im Futur II.

Ich habe unseren Nachbarn schon lange nicht mehr gesehen.
er – umziehen – schon – nach Berlin

_____

Woher hat Markus all die Schrammen und Kratzer?
er – stürzen – Fahrrad

_____

Nächste Woche schreiben wir Klausur.
bis dahin – ich – lernen – ganzen Stoff

_____

Meine Eltern haben nächsten Monat Hochzeitstag.
mein Bruder und ich – besorgen – bis dahin – Geschenk

_____

> [auf dem Kopf stehend:]
> Er wird wohl schon nach Berlin umgezogen sein. Er wird wohl mit dem Fahrrad gestürzt sein. Bis dahin werde ich den ganzen Stoff gelernt haben. Mein Bruder und ich werden bis dahin ein Geschenk besorgt haben.

Sprechen und Zuhören

alle

Einen Kurzvortrag halten

Dein Arbeitsauftrag: Setze dich mit einer aktuellen Nachrichtenmeldung auseinander und gib sie an deine Mitschüler weiter. Du solltest eine Meldung wählen ...

- die dich persönlich interessiert,
- die Jugendliche in deinem Alter betrifft,
- die deine Mitschüler interessieren könnte.

Die bekannteste und angesehenste Nachrichtensendung im deutschen Fernsehen ist die Tagesschau. Diese wird seit 1952 gesendet und täglich mehrfach aktuell produziert. Du kannst die Hauptausgabe täglich um 20:00 Uhr in der ARD sehen oder sie im Internet unter www.tagesschau.de abrufen.

Tu dies gleich und überlege, welche Nachricht du deinen Mitschülern vorstellen möchtest. Notiere deine Entscheidung.

Einen Kurzvortrag halten – Gestik gezielt einsetzen

alle

Mit der passenden Geste unterstreichen geübte Redner das Gesagte sehr treffend. Das kannst auch du lernen. Überlege zunächst, was die folgenden Gesten aussagen sollen. Notiere Schlagworte:

Arbeite mit einem Mitschüler zusammen. Wie interpretiert er die einzelnen Gesten? Was empfindet er bei ihrem Anblick? Tauscht euch aus und begründet.

In der Regel sollen diese Gesten Folgendes aussagen:
Geste 1: „Das ist jetzt besonders schwierig. Bitte genau zuhören und mitdenken."
Geste 2: „Dies ist so. Daran kann nichts geändert werden."
Geste 3: „Achtung, genau aufpassen. Das ist besonders wichtig."
Geste 4: Die beiden Handflächen symbolisieren Waagschalen und stehen für „entweder ... oder" oder für „einerseits ... andererseits".

Sprechen und Zuhören

Einen Kurzvortrag halten – Mimik und Gestik gezielt einsetzen

Arbeite mit zwei oder drei Mitschülern zusammen. Zieht eines der Kärtchen und tauscht euch kurz aus, was ihr unter dem jeweiligen Begriff versteht. Überlegt anschließend, wie ihr diese Befindlichkeit ohne Worte darstellen könnt.

Präsentiert euer Ergebnis dem Rest der Klasse, indem ihr dieses Gefühl gemeinsam oder alleine darstellt. Werden alle Gefühle erraten?

Freude	Begeisterung	Skepsis
Ablehnung	Wut	Zustimmung
Erstaunen	Überraschung	Unwissenheit
Langweile	Ratlosigkeit	Trauer
Nervosität	Angst	Interesse

Sprechen und Zuhören

Einen Kurzvortrag halten – eine Nachrichtenmeldung inhaltlich aufbereiten

Um den Inhalt der Nachrichtenmeldung an deine Mitschüler weiterzugeben, musst du sie vollständig erfasst haben. Beantworte dazu die W-Fragen. Sieh dir die Sendung im Zweifelsfall nochmals im Internet an.

Was ist geschehen? _____

Wer war beteiligt? _____

Wann hat es stattgefunden? _____

Wo hat es stattgefunden? _____

Warum ist es dazu gekommen? _____

Wie ist es passiert? _____

Wozu wird das führen? / Welche Folgen hat es? _____

Natürlich lassen sich nicht bei allen Meldungen alle sieben Fragen beantworten. Versuche trotzdem, auf möglichst viele Antworten zu finden.

Einen Kurzvortrag halten – eine Nachrichtenmeldung präsentieren

1. **Besonders wichtig bei einem Kurzvortrag sind die Anfangs- und die Schlussphase. Überlege dir je eine Möglichkeit, wie du deinen Vortrag einleiten und beenden kannst.**

   Anfangsphase: _____

   _____

   Schlussphase: _____

   _____

   Während des Hauptteils leiten dich die W-Fragen und gliedern deinen Vortrag.

2. **Beachte während des Vortrags Folgendes:**
   - Stehe aufrecht und gerade vor deinem Publikum. Während des Vortrags stehst nur du im Mittelpunkt.
   - Halte Blickkontakt zu deinen Mitschülern. Du hältst den Vortrag für sie, nicht für deinen Lehrer.
   - Sprich Standardsprache. Umgangs- oder Jugendsprache sind fehl am Platz.

Übe deinen Vortrag. Er soll nicht länger als eine Minute dauern. Arbeite mit einem Mitschüler zusammen. Haltet euch gegenseitig eure Vorträge. Wählt in jedem Vortrag mindestens eine Stelle aus, die ihr durch eine bestimmte Geste besonders deutlich betonen wollt.

Sprechen und Zuhören

Einen Kurzvortrag halten – eine Nachrichtenmeldung inhaltlich aufbereiten

1. Um deine Mitschüler sinnvoll informieren zu können, musst du dich mit deiner Nachrichtenmeldung gut auskennen. Fasse den Inhalt der Meldung in einem Satz knapp zusammen.

   _____

   _____

2. Beantworte für dich die W-Fragen. Sieh dir im Zweifelsfall die Sendung nochmals im Internet an.

Was ist geschehen?	Wann hat es stattgefunden?	Wie ist es passiert?
Wer war beteiligt?	Wo hat es stattgefunden?	Warum ist es dazu gekommen?
Wozu wird das führen? / Welche Folgen hat es?		

3. Weshalb hast du dich für diese Meldung entschieden? Notiere dir einige Stichpunkte.

   _____

   _____

Einen Kurzvortrag halten – eine Nachrichtenmeldung präsentieren

Besonders wichtig bei einem Kurzvortrag sind die Anfangs- und die Schlussphase. Überlege dir je zwei Möglichkeiten, wie du deinen Vortrag einleiten und beenden kannst.

Anfangsphase	Schlussphase

👥 Arbeite mit einem Mitschüler zusammen. Stelle ihm beide Möglichkeiten für Einleitung und Schluss vor. Überlegt gemeinsam, welche Möglichkeiten gelungener sind.

Während des Hauptteils leiten dich die W-Fragen und gliedern deinen Vortrag. Beachte während des Vortrags Folgendes:

- Wähle zwei Positionen vor deinem Publikum: Eine Position, in der du deinen Vortrag einleitest und beendest, und eine Position, in der du den Hauptteil deines Vortrags hältst.
- Nimm bewusst Blickkontakt zu vier Mitschülern auf, die an unterschiedlichen Stellen im Klassenzimmer sitzen. So bekommt jeder den Eindruck, du hättest den ganzen Raum im Blick.
- Wähle Standardsprache und vermeide Umgangssprache. Mache gezielt Pausen.
- Begründe, weshalb du dich für diese Nachrichtenmeldung entschieden hast.

👥 Übe nun deinen Vortrag. Er soll nicht länger als zwei Minuten dauern. Arbeite dabei mit einem Mitschüler zusammen. Haltet euch gegenseitig eure Vorträge. Wählt in jedem Vortrag mindestens eine Stelle aus, die ihr durch Mimik und Gestik besonders deutlich betonen wollt.

Sprechen und Zuhören

Einen Kurzvortrag halten – eine Nachrichtenmeldung inhaltlich aufbereiten

Um deine Mitschüler fundiert informieren zu können, musst du dich intensiv mit der Nachrichtenmeldung auseinandergesetzt haben. Gehe dazu in drei Schritten vor:

1. Sieh dir die Nachrichtenmeldung nochmals auf www.tagesschau.de an und erstelle eine Mindmap dazu.

2. Analysiere deine Mindmap und überlege genau: Welche Informationen fehlen deiner Meinung nach? Welche weiteren Zusammenhänge und Einzelheiten möchtest du deinen Mitschülern noch vermitteln? Ergänze deine Mindmap mit weiteren Ästen.

3. Führe eine Internetrecherche durch und begib dich auf die Suche nach den fehlenden Informationen. Ergänze auf diese Weise deine Mindmap so lange, bis du damit zufrieden bist.

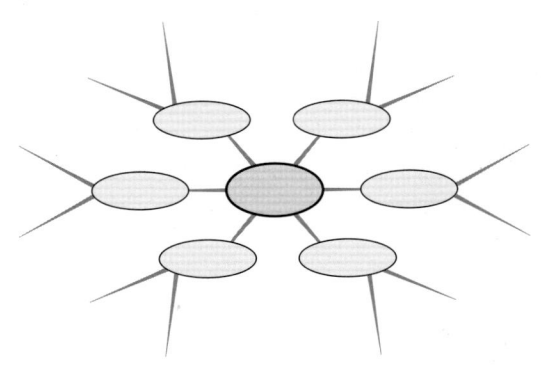

Einen Kurzvortrag halten – eine Nachrichtenmeldung präsentieren

Besonders wichtig bei einem Kurzvortrag sind die Anfangs- und die Schlussphase. Überlege und probe je drei Möglichkeiten, wie du deinen Vortrag einleiten und beenden kannst.

👥 Arbeite mit einem Mitschüler zusammen. Stelle ihm die drei Möglichkeiten für Einleitung und Schluss vor. Überlegt gemeinsam, welche Möglichkeiten gelungener sind.

Während des Hauptteils orientierst du dich an deiner Mindmap. So vergisst du nichts und verleihst deinem Vortrag Struktur.

Beachte während des Vortrags Folgendes:

- Nutze den ganzen dir zur Verfügung stehenden Raum und stehe nicht konstant an einem Platz.
- Nimm bewusst Blickkontakt zu vier Mitschülern auf, die an unterschiedlichen Stellen im Klassenzimmer sitzen. So bekommt jeder den Eindruck, du hättest den ganzen Raum im Blick.
- Wähle Standardsprache und vermeide Umgangssprache. Mache gezielt Pausen.
- Begründe, weshalb du dich für diese Nachrichtenmeldung entschieden hast.

👥 Übe deinen Vortrag. Er soll nicht länger als vier Minuten dauern. Arbeite mit einem Mitschüler zusammen. Haltet euch gegenseitig eure Vorträge. Wählt in jedem Vortrag mehrere Stellen aus, die ihr durch Mimik und Gestik besonders deutlich betonen wollt. Besprecht hinterher, ob dies gelungen ist oder ob ihr hierbei noch etwas verbessern könnt.

Lesen – Mit Texten und Medien umgehen / Sprechen und Zuhören

Autoren des 20. Jahrhunderts (Kärtchen 1)

Verschiedene Referate geben dir einen Überblick über bekannte Autoren des 20. Jahrhunderts. Auch du stellst einen namhaften Schriftsteller vor.

Die Kärtchen 1 bis 10 führen dich schrittweise durch die Vorbereitung deiner Präsentation. Dieses Kärtchen hilft dir, den Überblick über die Arbeitsschritte zu behalten. Kreuze an, ob du die jeweilige Aufgabe bereits erledigt hast und notiere, was noch zu tun ist.

	erledigt	noch zu tun
Autor wählen		
Thema eingrenzen		
Informationen sammeln		
Informationen ordnen		
Stichwortkarten erstellen		
richtig zitieren		
Vortrag üben und halten		
Präsentation erstellen		
Umgang mit Lampenfieber		

Autoren des 20. Jahrhunderts – Autor wählen (Kärtchen 2)

1. Im 20. Jahrhundert gab es tolle deutschsprachige Schriftsteller. Findest du ihre Nachnamen? Dann trage diese ins Kreuzworträtsel ein!

   waagerecht: 4. Rainer Maria _____

   5. Hermann _____

   7. Franz _____

   8. Bertolt _____

   senkrecht: 1. Friedrich _____

   2. Heinrich _____

   3. Günter _____

   6. Thomas _____

2. Informiere dich im Internet über die Schriftsteller und wähle einen aus, mit dem du dich näher beschäftigen möchtest.

Lesen – Mit Texten und Medien umgehen / Sprechen und Zuhören

Autoren des 20. Jahrhunderts – Thema eingrenzen (Kärtchen 3)

Bevor du mit der Arbeit an deinem Referat beginnst, solltest du zunächst die Eckdaten abstecken. Sprich dich am besten mit deinem Lehrer ab und kläre die folgenden Fragen:

Wie lautet das Thema deines Referats genau?

_____

Wann sollst du es halten und wie lange dauert es?

_____

Was soll unbedingt enthalten sein?

_____

_____

Wie wird es benotet?

_____

Kann er dir gute Informationsquellen nennen?

_____

Autoren des 20. Jahrhunderts – Informationen sammeln (Kärtchen 4)

1. **Wenn dein Lehrer dir die ein oder andere Informationsquelle nennen konnte, bist du schon einen ganzen Schritt weiter. Ansonsten hilft dir die folgende Liste:**

   - Liefert dein Schulbuch Informationen zum Autor?
   - Findest du in einem Lexikon Wissenswertes zu seiner Person und seinem Werk? Ein Lexikon findet sich vielleicht in der Schulbibliothek, mit Sicherheit jedoch in der Stadtbibliothek.
   - Etwas arbeitsaufwendiger, aber wesentlich ergiebiger als Lexika sind Fachbücher, die sich nur mit deinem Schriftsteller beschäftigen. Diese findest du in der Bibliothek.
   - Erst als letzten Schritt solltest du im Internet nach zusätzlichen Informationen und Bildern suchen.

2. **Gehe dann folgendermaßen vor. Nach jedem Schritt hakst du die erledigte Aufgabe ab.**

   ☐ Überfliege alle gefundenen Texte. So verschaffst du dir einen Überblick und kannst unnötige Texte schnell aussortieren.

   ☐ Anschließend liest du die Texte, die du schon beim Überfliegen sinnvoll fandest.

   ☐ Unterstreiche dabei wichtige Informationen. Achte darauf, nicht zu viel zu unterstreichen.

   ☐ Schreibe besonders wichtige Informationen in einer Zusammenfassung heraus.

> **Achtung:** Verwende kein fertiges Referat aus dem Internet. Das ist weder fair noch erlaubt und fällt immer auf.
> Schreibe alle verwendeten Quellen (Bücher und Internetadressen) auf eine Liste. Wenn du ein Handout für deine Mitschüler erstellst, kannst du die Liste daran anhängen.
> Überlege, was deine Zuhörer vielleicht schon wissen und was sie besonders interessieren könnte.

Lesen – Mit Texten und Medien umgehen / Sprechen und Zuhören

Autoren des 20. Jahrhunderts – Informationen ordnen (Kärtchen 5)

Nachdem du dich in all deine Quellen eingearbeitet hast, musst du die Informationen systematisieren und ordnen. Das geht am besten mit einer Mindmap. Nutze dazu ein DIN-A4-Papier im Querformat. Notiere in der Mitte den Namen des Autors und umkreise ihn. An diesen Mittelkreis setzt du mehrere Äste, auf denen du die wichtigsten Themen notierst, über die du deine Mitschüler informieren möchtest. Typische Themen bei Schriftstellern sind Leben, Werke und Ausbildung.

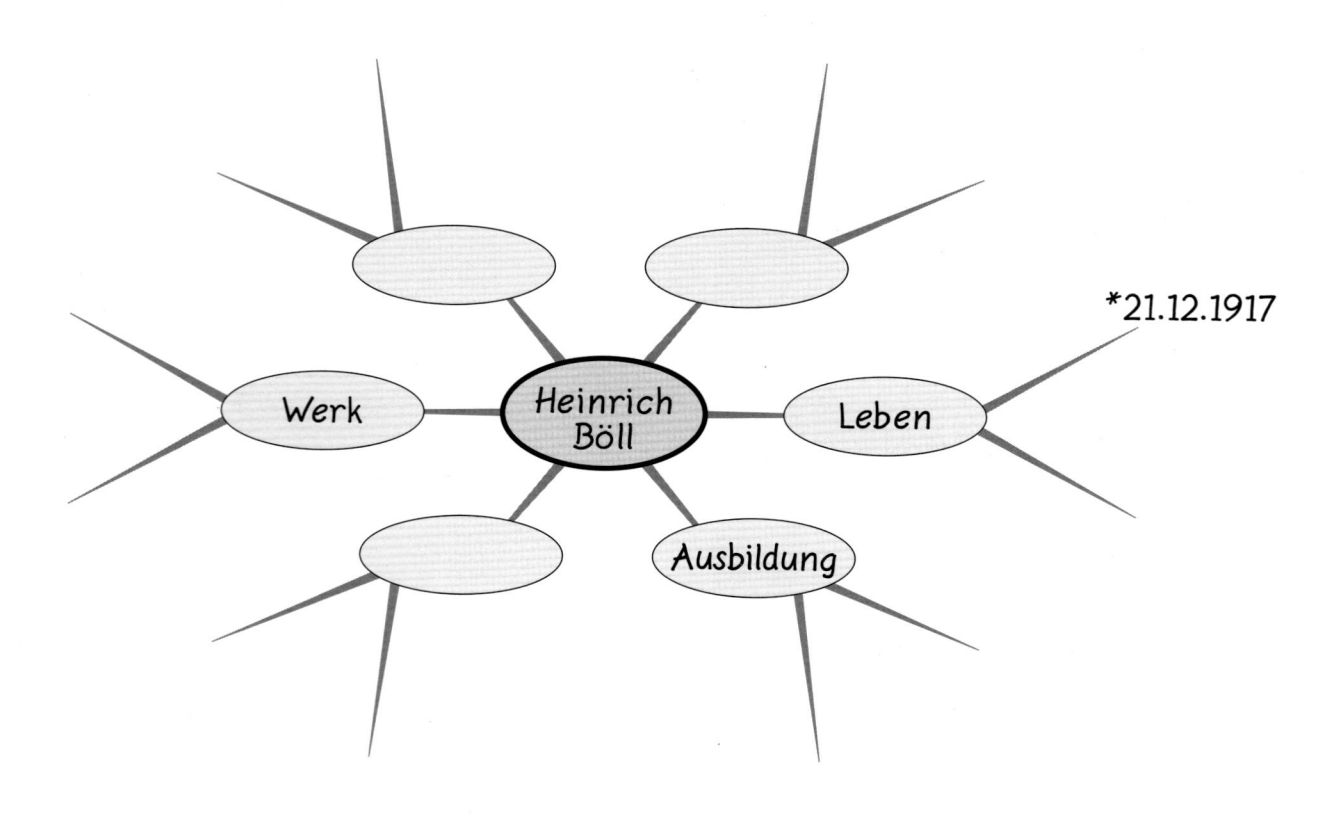

*Mindmap mit Heinrich Böll im Zentrum; Äste: Werk, Leben (*21.12.1917), Ausbildung und weitere leere Felder*

Autoren des 20. Jahrhunderts – Stichwortkarten erstellen (Kärtchen 6)

Mit einem großen DIN-A4-Zettel vor den Zuhörern stehen und möglichst schnell ein Referat ablesen? Das macht keinen guten Eindruck. Karteikarten im DIN-A6- oder DIN-A7-Format wirken wesentlich professioneller. Am besten gestaltest du sie folgendermaßen:

Notiere auf den Karteikarten nur Stichpunkte.

- Wenn du ganze Sätze aufschreibst oder deinen kompletten Text ausformulierst, hast du keine Chance mehr, spontan zu sein. Außerdem wird ein abgelesenes Referat dein Publikum schneller langweilen.
- Leg am besten gleich los und notiere auf jeder Karteikarte einen Oberpunkt und einige weitere Schlagwörter.
- Schreibe leserlich und nutze den ganzen Platz auf deiner Karteikarte.

> Nummeriere deine Karteikarten. Die meisten Schüler sind bei einem Referat etwas aufgeregt. Wenn in dieser Aufregung deine Karteikarten zu Boden fallen, ist das Chaos perfekt. Wenn du sie jedoch ordentlich nummeriert hast, kannst du sie problemlos und in kürzester Zeit wieder ordnen. So hast du die Situation immer im Griff.

Lesen – Mit Texten und Medien umgehen / Sprechen und Zuhören

Autoren des 20. Jahrhunderts – Richtig zitieren (Kärtchen 7)

Anders als in Klausuren und Tests darfst du bei einem Referat sogar von anderen abschreiben. Wenn du es korrekt machst, nennt man das Zitieren. Dabei musst du vier Dinge beachten:
- Zitiere nur besonders wichtige, treffende Aussagen.
- Kennzeichne dein Zitat mit Anführungsstrichen.
- Nenne nach dem Zitat die genaue Quelle in Klammern und in Kurzform.
- Führe am Ende deiner Präsentation oder deines Handouts die ganze Quelle an.

Unterstreiche bei den folgenden Zitaten die Anführungszeichen und die Quellenangabe.

„Wichtig für den weiteren Verlauf der deutschen Geschichte war die Gründung des deutschen Bundes." (Epkenhans 2008, S. 37)

„Der aus Königsberg stammende E.T.A. Hoffmann führte ein Wanderleben." (Ruffing 2013, S. 145)

Im Inhaltsverzeichnis tauchen die für beide Zitate genutzten Bücher auch auf:

Epkenhans, Michael: Geschichte Deutschlands: Von 1648 bis heute. Paderborn: Schöning 2008.

Ruffing, Reiner: Deutsche Literaturgeschichte. Paderborn: Fink 2013.

> „Wichtig für den weiteren Verlauf der deutschen Geschichte war die Gründung des deutschen Bundes." (Epkenhans 2008, S. 37)
> „Der aus Königsberg stammende E.T.A. Hoffmann führte ein Wanderleben." (Ruffing 2013, S. 145)

Autoren des 20. Jahrhunderts – Vortrag üben und halten (Kärtchen 8)

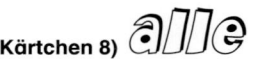

Die Vorbereitungen für dein Referat solltest du mindestens eine Woche vor dem endgültigen Termin abgeschlossen haben. So hast du ausreichend Zeit zu üben. Am besten hältst du es vor Freunden, deinen Eltern oder auch alleine im Badezimmer vor dem Spiegel. Wichtig ist, dass du es jedes Mal ernst nimmst. Beachte beim Vortragen immer die folgenden Punkte:

Einstieg
- Stell dich entspannt vor dein Publikum und warte, bis Ruhe herrscht. Dann nennst du dein Thema und versuchst, deine Zuhörer von Anfang an zu packen und Interesse für dein Referat zu wecken. Dies kann mit einer passenden Geschichte, mit einer Frage oder einem Bild geschehen.
- Sinnvoll ist auch, den Zuhörern die Gliederung deines Referats vorzustellen. Wenn du diese vorher (!) an einer Seitentafel notiert hast, kannst du jetzt darauf deuten oder dich zu ihr stellen.

Vortrag
- Halte Blickkontakt mit deinen Zuhörern.
- Sprich möglichst frei. Die Stichworte auf deinen Karteikarten helfen dir dabei.
- Sprich langsam und deutlich. Mache kurze Pausen, damit deine Zuhörer dir folgen können.
- Trage nur das vor, was du wirklich verstanden hast.
- Verwende nicht zu viele Fremdwörter, die deine Mitschüler nicht verstehen. Wenn es sich nicht vermeiden lässt, schreibst du das verwendete Wort an die Tafel.

Schluss
- Der Schluss ist insofern besonders wichtig, als er dein Referat abrundet und dem Publikum in Erinnerung bleibt.
- Es ist häufig sinnvoll, die wichtigsten Punkte deines Referats knapp zusammenzufassen oder besonders interessierten Zuhörern eine deiner Quellen zu empfehlen, die du gut findest.
- Bedanke dich bei deinen Zuhörern für ihre Aufmerksamkeit und erkundige dich, ob jemand noch Fragen hat.

Lesen – Mit Texten und Medien umgehen / Sprechen und Zuhören

Autoren des 20. Jahrhunderts – Präsentation erstellen (Kärtchen 9)

PowerPoint, Keynote und das kostenlose OpenOffice sind tolle Programme, wenn du für dein Referat eine Präsentation anfertigen möchtest. Dabei helfen die folgenden Hinweise. Am besten hakst du jeden Ratschlag ab, den du bewusst berücksichtigt hast.

- ☐ Beschränke dich auf wenige Folien. Mehr Folien als eine pro Minute machen deine Präsentation hektisch und überfordern deine Zuhörer.
- ☐ Am besten verzichtest du bei deiner Präsentation auf Spezialeffekte. Drehende, fliegende, purzelnde und blinkende Überschriften sind in einem Referat fehl am Platz, da sie den Inhalt in den Hintergrund drängen.
- ☐ Formatiere deine Folien leserfreundlich. Die Schriftgröße beträgt mindestens 28 Punkt – besser noch größer.
- ☐ Gestalte deine Folien übersichtlich und mit wenig Text. Wenn du nicht gerade ein wichtiges Zitat verwendest, solltest du höchstens vier Zeilen mit je fünf Wörtern auf einer Folie platzieren.
- ☐ Bilder und Diagramme sind ein sehr wichtiger Bestandteil einer Präsentation. Wähle Bilder, die deinen Inhalte gut illustrieren, und platziere sie so, dass sie nicht vom Text ablenken.

Autoren des 20. Jahrhunderts – Umgang mit Lampenfieber (Kärtchen 10)

Etwas Aufregung bei einem Referat oder Vortrag ist ganz normal. In den meisten Fällen ist das Lampenfieber bei einem Referat in der Vorbereitung am größten und verfliegt in dem Moment, in dem du die ersten Worte vor deiner Klasse gesprochen hast. Dennoch kannst du einiges dafür tun, deine Nervosität in den Griff zu bekommen:

- Bereite dich sorgfältig vor und halte das Referat im Vorfeld mehrfach.
- Mach dich locker, denn Angst lähmt. Wenn du besonders nervös bist, hilft es dir, mit dem Kopf zu kreisen oder die Schulter zu heben und zu senken.
- Atme einige Male tief durch, bevor du dein Referat beginnst.
- Ein trockener Mund ist ein typisches Zeichen von Lampenfieber, erschwert das Sprechen und vergrößert die Angst dadurch zusätzlich. Stelle dir am besten ein Glas oder eine Flasche Wasser bereit.
- Wenn etwas schiefgelaufen ist, dann teile es deinem Publikum nicht mit. Kleine Abweichungen oder Versprecher fallen deinen Zuhörern in den meisten Fällen nicht auf – sie wissen ja nicht, was du eigentlich sagen wolltest.

Lesen – Mit Texten und Medien umgehen

Lesen mit Köpfchen – eine Lesestrategie anwenden

Diese Lesestrategie hilft dir, schwierige Texte zu verstehen.

1. **Bringe die Schritte in eine logische Reihenfolge, indem du sie von 1 bis 3 nummerierst.**

   _____ Ich überfliege den Text und lese ihn so schnell wie möglich.

   _____ Ich lese den Text sorgfältig und achte auf Details.

   _____ Ich nehme mir ein oder zwei Minuten Zeit und lese nur das Fettgedruckte und Unterstrichene.

   > 1. Ich nehme mir ein oder zwei Minuten Zeit und lese nur das Fettgedruckte und Unterstrichene.
   > 3. Ich lese den Text sorgfältig und achte auf Details.
   > 2. Ich überfliege den Text und lese ihn so schnell wie möglich.

2. **Diese Lesestrategie heißt auch Multiple Reading Process. Das bedeutet so viel wie *Mehrfaches Lesen*. Erprobe diese Lesestrategie in der Praxis: Suche dir einen Sachtext aus. Geeignete Sachtexte findest du in deinen Schulbüchern oder du leihst dir ein Buch aus der Bücherei aus. Notiere hier, für welchen Text du dich entschieden hast:**

   _____

3. **Nimm dir ein oder zwei Minuten Zeit und lies nur das Fettgedruckte und das Unterstrichene. Vielleicht hat dein Text auch zusätzliche Abbildungen. Wirf auch einen kurzen Blick darauf und versuche zu erfassen, was sie aussagt. Notiere dann einige Stichworte zum Text.**

   _____
   _____
   _____
   _____

4. **Überfliege den Text und lies ihn so schnell wie möglich. Fasse seine zentralen Aussagen in maximal drei Sätzen zusammen.**

   _____
   _____
   _____
   _____
   _____

5. **Lies den Text abschließend sorgfältig und achte auf Details. Erstelle nun eine Mindmap zu deinem Text im Heft.**

Lesen – Mit Texten und Medien umgehen

Autoren des 20. Jahrhunderts – Internetrallye Heinrich Böll, Teil 1

1. **Fülle den Steckbrief des bekannten deutschen Autors Heinrich Böll mithilfe einer Internetrecherche aus.**

   voller Name: _____

   geboren am _____ in _____

   gestorben am _____ in _____

   (Foto)

   > voller Name: Heinrich Theodor Böll
   > geboren am 21.12.1917 in Köln
   > gestorben am 16.07.1985 in Kreuzau-Langenbroich

2. **Welche Dinge erfährst du über seine Jugend? Fasse stichpunktartig zusammen.**

   _____
   _____
   _____
   _____
   _____

3. **Besonders wichtig war für Böll sein Mitwirken in der „Gruppe 47". Was für eine Gruppe war das?**

   _____
   _____
   _____
   _____
   _____

Seine bekanntesten Werke:	Diese Werke wurden verfilmt:

Lesen – Mit Texten und Medien umgehen

Autoren des 20. Jahrhunderts – Internetrallye Heinrich Böll, Teil 2

4. Entscheide dich für eine von Heinrich Bölls Kurzgeschichten und informiere dich über ihren Inhalt. Fasse ihn in vier bis acht Sätzen zusammen.

   _____
   _____
   _____
   _____
   _____
   _____
   _____
   _____

5. Heinrich Böll engagierte sich auch politisch. Belege dies mit mindestens vier Beispielen.

   _____
   _____
   _____
   _____
   _____
   _____

6. Welche der folgenden Auszeichnungen erhielt Böll <u>nicht</u>? Streiche die falschen Preise.
   - 1951 Literaturpreis der „Gruppe 47"
   - 1953 Deutscher Kritikerpreis
   - 1953 Literaturpreis am goldenen Band
   - 1953 Förderpreis des Kulturkreises der deutschen Wirtschaft
   - 1958 Eduard von der Heydt-Kulturpreis der Stadt Wuppertal
   - 1967 Georg-Büchner-Preis für das schriftstellerische Gesamtwerk
   - 1972 Nobelpreis für Literatur
   - 1974 Carl-von-Ossietzky-Medaille
   - 1982 Ehrenbürger der Stadt Köln
   - 1983 Ehrenbürger der Stadt Nürnberg
   - 1984 Mitglied der American Academy of Arts and Sciences

   > 1953 Literaturpreis am goldenen Band / 1983 Ehrenbürger der Stadt Nürnberg

Lesen – Mit Texten und Medien umgehen

Autoren des 20. Jahrhunderts – Günter Grass

In diesem Text erfährst du Einiges über Günter Grass, einen der bekanntesten deutschen Schriftsteller. Außerdem lernst du eine tolle Technik kennen, die dir hilft, schwierige Sachtexte so zu lesen, dass du sie auch wirklich verstehst. Gehe dabei in drei Schritten vor:

1. **Nimm dir zwei Minuten Zeit und lies im folgenden Text nur das Fettgedruckte. Auf diese Weise bekommst du einen ersten Eindruck von der Person Günter Grass. Woran kannst du dich erinnern? Notiere hier in Stichpunkten.**

_____

_____

_____

2. **Nimm dir etwas mehr Zeit und überfliege den Text. Lies dabei so schnell wie möglich. So erfährst du noch mehr aus seinem Leben. Kreuze anschließend die richtigen Antworten an.**

Er war im Zweiten Weltkrieg
☐ Soldat   ☐ Arzt   ☐ krank

Er gründete eine(n)
☐ Familie
☐ Musikband
☐ Verlag

Er engagierte sich politisch für die
☐ CDU   ☐ SPD   ☐ Grünen

Aufsehen erregte seine
☐ Weltumsegelung
☐ Mitgliedschaft in der Waffen-SS
☐ Prügelei mit anderen Autoren

3. **Lies den Text aufmerksam und bearbeite die Aufgaben dazu.**

Günter Grass – Schriftsteller, Parteisoldat, Nationalsozialist?

Der Schriftsteller Günter Grass hieß mit vollem Namen Günter Wilhelm Grass und wurde am 16.10.1927 in der Stadt Danzig geboren. Schon mit seinem ersten Roman *Die Blechtrommel* wurde er zu einem der bekanntesten Vertreter der deutschen Nachkriegsliteratur und zum international geachteten Autor. Bis zu seinem Tod am 13.04.2015 in Lübeck engagierte er sich politisch für die SPD. Für viele seiner Bewunderer war es ein Schock, als er kurz vor seinem Tod gestand, unter Adolf Hitler in der besonders brutalen Waffen-SS gedient zu haben.

Familiärer Hintergrund

Günter Grass wächst in Danzig in einfachen Verhältnissen auf, da der Lebensmittelhandel seines Vaters nicht sonderlich viel Geld abwirft. Sein Vater ist Protestant, doch seine katholische Mutter prägt Günter Grass sehr stark. So ist er Messdiener in der katholischen Kirche. Als die Nationalsozialisten immer stärker werden, ist es in Nazideutschland eigentlich ganz normal, dass Kinder und Jugendliche Mitglied bei der Hitlerjugend, der Jugendorganisation der Nationalsozialisten, werden. Grass interessiert sich aber zu Beginn nicht besonders dafür. Erst mit 15 Jahren tritt er ihr freiwillig bei. Lange Zeit behauptet er, nur Mitglied geworden zu sein, weil das Leben zu Hause mit seiner Familie langweilig war und er etwas erleben wollte.

Militärdienst

Im Zweiten Weltkrieg dient Grass zunächst als Helfer bei der Luftwaffe, bevor er mit 17 Jahren zur besonders brutalen Waffen-SS einberufen wird. Dort dient er bei einer Panzerdivision. Im Verlauf des Krieges wird Grass verwundet und 1945 in der Nähe von Marienbad von den Alliierten gefangen genommen. Dabei hat er Glück, dass der Krieg zu Ende geht und er Kriegsgefangener der US-Amerikaner wird. Diese behandeln ihre Gefangenen wesentlich besser als die anderen Alliierten.

Lesen – Mit Texten und Medien umgehen

Ausbildung
Nach Ende des Zweiten Weltkriegs und nachdem Günter Grass aus der Kriegsgefangenschaft entlassen wird, möchte er eigentlich in Göttingen das Abitur nachholen. Als er jedoch erfährt, dass seine Eltern in der Nähe von Köln Arbeit gefunden haben, reist er sofort zu ihnen, um sie wiederzusehen. Anschließend macht er in Düsseldorf ein Praktikum bei einem Steinmetz, um dann an der Kunstakademie Düsseldorf Grafik und Bildhauerei zu studieren. Später zieht er nach Berlin und studiert dort weiter. Sein Studium finanziert er als Türsteher in einem Lokal.

Eigene Familie
Günter Grass hatte bei Frauen stets großen Erfolg. Er heiratet 1954 eine Ballettstudentin namens Anna Margareta Schwarz aus der Schweiz. Mit ihr verbringt er die meiste Zeit in Paris und hat vier Kinder: die Zwillinge Franz und Raoul, seine Tochter Laura und seinen jüngsten Sohn Bruno. Nach der Scheidung von seiner Frau Anna Grass im Jahr 1972 verliebt Günter Grass sich erneut; diesmal in die Malerin Veronika Schröter, mit der er eine mehrjährige Beziehung führt. Ein zweites Mal heiratet er erst, als er sich in die Organistin Ute Grünert verliebt. Mit ihr lebt er einige Zeit in Indien.

Literarisches Werk
Erst 1956 beginnt Günter Grass zu schreiben. Zunächst verfasst er vor allem Kurzgeschichten, Gedichte und Theaterstücke. Er wird Mitglied der berühmten *Gruppe 47*, einer Vereinigung deutschsprachiger Autoren, die die deutschsprachige Literatur nach der nationalsozialistischen Herrschaft erneuern will. Mitglied in dieser Gruppe waren unter anderem die bekannten Schriftsteller Peter Härtling, Martin Walser, Paul Celan und Hans Magnus Enzensberger. Wirklich berühmt wird Günter Grass mit seinem ersten Roman *Die Blechtrommel*, der während seiner Aufenthalte in Frankreich und der Schweiz entsteht. Als Grund für sein Schreiben nennt Grass häufig den Verlust seiner Heimat Danzig, die nach dem von Deutschland verlorenen Krieg zu Polen gehört. Deshalb handeln seine Werke meistens vom Nationalsozialismus und dessen Folgen. Seinen bekanntesten Roman *Die Blechtrommel* schreibt Grass in einer sehr bildlichen Sprache. Er handelt von Oskar Matzerath, der seit seinem dritten Geburtstags nicht mehr wächst und so die Welt der Erwachsenen von unten beobachten und aus der Sicht eines Kindes beschreiben kann. Außerdem besitzt er eine Art magische Blechtrommel, mit deren Hilfe er von Ereignissen berichten kann, bei denen er nicht dabei war. In seinem Roman thematisierte er als einer der ersten Schriftsteller nach dem Zweiten Weltkrieg den Nationalsozialismus. Neben seinen bekannten Kurzgeschichten verfasst Grass viele Gedichte, die er mit eigenen Bildern und Zeichnungen ergänzt.

Politisches Engagement
1961 schickt die SPD den Bürgermeister von Berlin, Willy Brandt, als Kandidaten in das Rennen zur Bundestagswahl. Brandt lädt einige Schriftsteller, darunter Günter Grass, zu einem Gespräch. Günter Grass ist schnell bereit, Willy Brandt und der SPD zu helfen, indem er als Schriftsteller Reden für ihn schreibt und die Wahlkampftrommel rührt. Dies ist der Anfang einer langen Liebe. Schon viele Schriftsteller hatten den Wunsch, Einfluss auf die Politik zu nehmen, und Günter Grass sieht seine Chance gekommen. In Interviews und öffentlichen Reden ergreift er Partei für die Sozialdemokratische Partei Deutschlands. Gleichzeitig greift er andere Schriftsteller an, die sich nicht auf gleiche Weise politisch engagieren. Darüber hinaus attackiert er andere politische Parteien wie die CDU und ihre Politiker, beispielsweise Bundeskanzler Helmut Kohl.

Mitglied der Waffen-SS
Im Jahr 2006 erscheint die Erzählung *Beim Häuten der Zwiebel*, in der Günter Grass bekannt gibt, dass er während des Zweiten Weltkriegs freiwillig Soldat geworden und bei der brutalen Waffen-SS gewesen war. Dies hatte er zuvor verschwiegen. Der Aufschrei in der deutschen Bevölkerung ist groß, da Günter Grass jahrzehntelang viele Menschen, vor allem Politiker, öffentlich für moralische Fehler kritisierte. Seine Kritiker werfen Grass vor, er habe sein ganzes Leben als Schriftsteller über den Nationalsozialismus geschrieben, damit eine große Karriere gemacht und viel Geld verdient, ohne zu gestehen, dass er früher selbst ein Teil des Nationalsozialismus war.

Lesen – Mit Texten und Medien umgehen

Autoren des 20. Jahrhunderts – Günter Grass

1. Lies den Text nochmals sorgfältig und finde die folgenden Begriffe. Sie haben alle mit Günter Grass zu tun.

   ☐☐·☐☐☐☐☐☐   ☐☐☐·☐☐☐☐☐☐☐☐

   ☐☐☐☐☐☐☐☐☐   ☐☐☐☐☐-☐☐

   > Steinmetz, Schriftsteller, Blechtrommel, Waffen-SS

   Arbeite mit einem Mitschüler zusammen. Formuliert Fragen, auf die die gefundenen vier Begriffe Antworten geben.

   _____
   _____
   _____
   _____

2. Verbinde die Aussagen korrekt.

Günter Grass	outet sich Grass als ehemaliges Mitglied der Waffen-SS.
Die SPD kürte 1961	auch viele Gedichte.
Die Gruppe 47	war in seiner Jugend Messdiener.
Unter anderem verfasste Grass	Willy Brandt zum Kanzlerkandidaten.
In der Erzählung *Beim Häuten der Zwiebel*	war ein Zusammenschluss deutschsprachiger Autoren.

> Günter Grass war in seiner Jugend Messdiener. Die SPD kürte 1961 Willy Brandt zum Kanzlerkandidaten. Die Gruppe 47 war ein Zusammenschluss deutschsprachiger Autoren. Unter anderem verfasste Grass auch viele Gedichte. In der Erzählung *Beim Häuten der Zwiebel* outet sich Grass als ehemaliges Mitglied der Waffen-SS.

Lesen – Mit Texten und Medien umgehen

Autoren des 20. Jahrhunderts – Günter Grass

1. Lies den Text nochmals sorgfältig und kreuze die richtige Information an.

Geboren wurde Günter Grass in
- ☐ Danzig
- ☐ Lübeck
- ☐ Paris

Nach dem Krieg macht er ein Praktikum als
- ☐ Betonbauer
- ☐ Schriftsteller
- ☐ Steinmetz

Sein erster Roman heißt
- ☐ Beim Häuten der Zwiebel
- ☐ Die Blechtrommel
- ☐ Waffen-SS

Günter Grass attackiert in Reden
- ☐ Willy Brandt
- ☐ Adolf Hitler
- ☐ Helmut Kohl

[Lösung: ☒ Danzig ☒ Steinmetz ☒ Die Blechtrommel ☒ Helmut Kohl]

2. Streiche in den folgenden Aussagen falsche Wörter.

Günter Grass heißt mit vollem Namen Günter *Martin / Wilhelm / Rainer* Grass.

Er dient zunächst bei der *Luftwaffe / beim Sanitätsdienst / im Kommandozentrum*.

Seine erste Frau Anna Margareta Schwarz kommt aus der Schweiz und studiert *Medizin / Ballett / Kunst*.

Oskar Matzerath ist *ein Freund / ein politischer Gegner / eine Hauptfigur* von Günter Grass.

Der Schriftsteller engagiert sich politisch und unterstützt die *CDU / FDP / SPD*.

[Lösung: Günter Grass heißt mit vollem Namen Günter ~~Martin~~ / ~~Wilhelm~~ / Rainer Grass. Er dient zunächst bei der Luftwaffe / ~~beim Sanitätsdienst~~ / ~~im Kommandozentrum~~. Seine erste Frau Anna Margareta Schwarz kommt aus der Schweiz und studiert ~~Medizin~~ / Ballett / ~~Kunst~~. Oskar Matzerath ist ~~ein Freund~~ / ~~ein politischer Gegner~~ / eine Hauptfigur von Günter Grass. Der Schriftsteller engagiert sich politisch und unterstützt die ~~CDU~~ / ~~FDP~~ / SPD.]

3. Vollende die Sätze mit Informationen aus dem Text.

Günter Grass starb … _____

Im Zweiten Weltkrieg diente er … _____

Nach Ende des Krieges … _____

International bekannt wurde Grass … _____

Einen Aufschrei verursachte sein … _____

*[Auch andere Lösungen sind möglich:
Günter Grass starb am 13.04.2015 in Lübeck.
Im Zweiten Weltkrieg diente er zunächst als Helfer bei der Luftwaffe, später bei einer Panzerdivision der Waffen-SS.
Nach Ende des Krieges ging er zu seinen Eltern nach Köln und machte ein Praktikum als Steinmetz.
International bekannt wurde Grass mit seinem ersten Roman Die Blechtrommel.
Einen Aufschrei verursachte sein spätes Eingeständnis, bei der Waffen-SS gewesen zu sein.]*

Lesen – Mit Texten und Medien umgehen

Autoren des 20. Jahrhunderts – Günter Grass

1. Sieben Überschriften helfen dir, dich in diesem Sachtext zu orientieren. Fasse jeden der sieben Abschnitte in ein bis zwei Sätzen kurz zusammen. Verwende dabei deine eigenen Worte.

   Familiärer Hintergrund _____

   _____

   Militärdienst _____

   _____

   Ausbildung _____

   _____

   Eigene Familie _____

   _____

   Literarisches Werk _____

   _____

   Politisches Engagement _____

   _____

   Mitglied der Waffen-SS _____

   _____

2. Beantworte die Fragen zum Text. Schreibe in ganzen Sätzen und verwende dabei deine eigenen Worte.

   Weshalb macht Günter Grass nach Kriegsende nicht wie geplant sein Abitur in Göttingen?

   _____

   _____

   _____

   Weshalb war das Geständnis von Günter Grass, in der Waffen-SS gedient zu haben, so ein großer Schock für viele Deutsche?

   _____

   _____

   _____

(auf dem Kopf stehend:) Grass machte nicht Abitur in Darmstadt, weil er zu seinen Eltern in die Nähe von Köln gehen wollte. Sein Geständnis war so ein großer Schock, weil er moralische Verfehlungen anderer scharf kritisiert hatte.

Lesen – Mit Texten und Medien umgehen

Smartphones miteinander vergleichen

Dein bester Freund hat im Internet einen Vergleichstest (siehe nächste Seite) von Mobiltelefonen gefunden und ausgedruckt. Studiere ihn und gehe auch hier mit Strategie vor:

1. **Betrachte zuerst alle Elemente, die dir auf einen Blick viele Informationen liefern. Lies also das Fettgedruckte und betrachte die Tabelle.**

2. **Überfliege den Text in besonders hohem Tempo.**

3. **Lies erst danach den Text aufmerksam.**

4. **Entscheide dich, ohne nochmals genau im Text nachzulesen, für eines der vier Mobiltelefone. Welches würdest du wählen?**

    ☐ Sanmon 3000   ☐ Galaktika 200i   ☐ Napos 1   ☐ XBA 5000

5. **Lies die Berichte zu den vier Geräten noch einmal genau und fülle die vier Tabellen aus:**

Sanmon 3000	
Vorteile	Nachteile

Galaktika 200i	
Vorteile	Nachteile

Napos 1	
Vorteile	Nachteile

XBA 5000	
Vorteile	Nachteile

Arbeite mit einem Mitschüler zusammen. Was fällt euch auf, wenn ihr die Geräte vergleicht? Für welches Handy würdet ihr euch nach gründlichem Überlegen entscheiden? Was haltet ihr von diesem Testbericht?

Lesen – Mit Texten und Medien umgehen

Vergleichstest Mobiltelefone

Brandneu – Aktuell liefern sich die unterschiedlichen Handyhersteller einen Wettlauf, wer das neueste, beste und vor allem schickste Modell auf den Markt bringt. Wir helfen dir bei deiner Kaufentscheidung und haben vier aktuelle Neuheiten auf Herz und Nieren überprüft. Kaum zu glauben, aber wahr, das Jahr neigt sich schon wieder dem Ende zu. Wie jedes Jahr bringen die Handyhersteller kurz vor Weihnachten noch ein neues Modell auf den Markt, um im Weihnachtsgeschäft möglichst viel Geld zu verdienen. Wenn also auch du noch nicht weißt, was du dir zum Fest der Liebe wünschen sollst, kann dir dieser Bericht die Entscheidung vereinfachen. Sanmon 3000, Galaktika 200i, Napos 1 und XBA 5000 – wir haben sie alle getestet und geben dir einen Überblick über aktuelle Neuheiten.

Das 589 Euro teure **Sanmon 3000** ist das erste Smartphone, das sich mit einem festen Händedruck entsperren lässt. Wie du bei der Begrüßung deinem Gegenüber die Hand schüttelst, so schüttelst du auch dieses Handy nur kurz, um es zu entsperren. Innerhalb von Millisekunden erkennt das Gerät deine Fingerabdrücke und die Art deines Handschüttelns. Dies ist eine nette Spielerei. Aber auch bei den klassischen Funktionen muss der Nutzer keine Abstriche machen. Gute Sprachqualität, scharfe Bilder und viele unterschiedliche Apps erwarten ihn. Selfies lassen sich dank der zweiten eingebauten Kamera besonders bequem schießen. Aufgrund der umfangreichen Ausstattung hält der Akku leider nicht wirklich lange durch. Auch wenn du es nur wenig brauchst, solltest du jede Gelegenheit nutzen, um es aufzuladen. Andernfalls stehst du schnell ohne Saft da. Lange erwartet wurde auch das **Galaktika 200i**. Nun steht es für 439,90 Euro in den Läden und weiß einigermaßen zu überzeugen. Eine tolle Verarbeitung und gute Optik werden dieses Gerät mit Sicherheit zu einem Verkaufsschlager im Weihnachtsgeschäft machen. Gerade das moderne Design lässt den Nutzer schnell vergessen, dass wirkliche Innovationen noch fehlen. So finden sich wie gewohnt viele vorinstallierte Games und weitere Apps, auch die mittlerweile in die Jahre gekommene Kamera schießt noch immer recht scharfe Bilder. Für das nächste Modell sollte der Hersteller sich endlich etwas Neues einfallen lassen. Beispielsweise wirkt der Bildschirm im Vergleich mit den anderen Modellen doch eher klein und altbacken. Das Ladekabel gab in unserem Test bereits am zweiten Tag den Geist auf. Allerdings versprach der Hersteller, dies sei die Ausnahme und definitiv nicht die Regel. Gerüchten zufolge soll der Preis für das Galaktika 200i bereits kurz nach Weihnachten deutlich fallen, da dem Hersteller klar ist, dass es sich eigentlich um ein veraltetes Model handelt.

Lange Zeit wurde der Verkaufsstart hinausgeschoben. Nun aber steht die mehrmals verschobene Premiere des **Napos 1** endgültig fest. Pünktlich zum Start des Weihnachtsgeschäfts am 1. Dezember wird es in den Läden stehen. Für einen günstigen Preis von 788 Euro ohne Vertragsbindung erhält der Käufer eines der modernsten Geräte auf dem Markt. Es tritt die direkte Nachfolge des langjährigen Kassenschlagers Napos BT an und somit in große Fußstapfen. Besonders interessant dürfte es für Outdoorfreaks, Abenteurer und Adrenalinjunkies sein, da es extrem schlagfest und wasserdicht ist. Ein idealer Begleiter also für alle Frischluftfanatiker und Sportler. Die superscharfe Kamera hat 18 Megapixel und schießt selbst in schwierigsten Situationen die schärfsten Selfies. Wenn du gerne Abenteuer erlebst, Canyoning und Klettern zu deinen beliebtesten Hobbys gehören und du einen zuverlässigen Begleiter suchst oder einfach ein echt cooler Typ bist, ist dieses stabile, aber formschöne und extrem stylishe Mobiltelefon die ideale Wahl für dich. Ob deine Eltern es dir wohl schenken? Damit bist du der Chef auf dem Schulhof.

Das **XBA 5000** ist entsprechend seinem Preis eher Mittelklasse- als Premiumhandy. Für knapp 400 Euro bietet es viel, beeindruckt jedoch nicht wirklich. Das Metallgehäuse ist stabil, aber etwas klobig und das 5-Zoll-Display wirkt immer leicht unscharf und zieht Fingerabdrücke geradezu magisch an. Auch die 12-Megapixel-Kamera wurde aus dem Vorgängermodell übernommen und ist bereits in die Jahre gekommen. Eine zweite Kamera speziell für Selfies gibt es nicht. Toll ist die schnelle Steuerung und die intuitive Bedienung der einzelnen Funktionen. Die One-Button-Steuerung macht es möglich, dass du mit einem einzelnen Knopf wirklich jede Funktion startest und ausführst. Positiv muss die Möglichkeit genannt werden, zwei SIM-Karten gleichzeitig einzusetzen. Aber wer braucht das schon?

Testergebnisse

	Sanmon 3000	Galaktika 200i	Napos 1	XBA 5000
Qualität	+	–	+	–
Optik	+	–	++	–
Akkulaufzeit	– –	+	++	o
Vielfalt an Apps	–	o	+	+
Displayqualität	o	+	++	+

++ absolut top   + top   o durchschnitt   – schwach   – – sehr schwach

Sponsored bei Napos

Lesen – Mit Texten und Medien umgehen

Smartphones miteinander vergleichen

1. **Entziffere die Wörter.**

    Eine **Premiere** _____ meint eigentlich die erste Aufführung eines Theaterstücks oder eines Films. Mittlerweile wird dieser Begriff auch verwendet, um die Vorstellung eines neuen technischen Geräts zu bezeichnen.

    Akku _____ ist die Kurzbezeichnung für Akkumulator und ein wiederaufladbarer Speicher für elektrische Energie.

    Games _____ ist das englische Wort für Spiele und wird vor allem für Spiele auf Smartphone, Computer und anderen elektronischen Geräten verwendet.

    Mit **Optik** _____ bezeichnet man das Aussehen eines Geräts.

    > Premiere, Akku, Games, Optik

2. **Entscheide dich aufgrund des Testberichts für eines der vorgestellten Modelle. Begründe deine Entscheidung in mindestens sechs Sätzen. Erkläre, was dir bei deiner Kaufentscheidung wichtig ist und weshalb.**

    _____
    _____
    _____
    _____
    _____
    _____

3. **Bei fast allen Online-Händlern haben Kunden die Möglichkeit, gekaufte Produkte zu bewerten. Suche bei einem Händler dein Smartphone-Modell (oder das Modell, das du gerne hättest). Lies dir die Kundenbewertungen dazu durch. Schreibe anschließend eine eigene Bewertung des Handys. Achte darauf, dass diese aussagekräftig ist und anderen Kunden weiterhilft.**

    _____
    _____
    _____
    _____
    _____
    _____

Arbeite mit einem Mitschüler zusammen. Weshalb spricht der Verfasser hier gezielt Kinder und Jugendliche an? Diskutiert.

Lesen – Mit Texten und Medien umgehen

Smartphones miteinander vergleichen

1. **Ordne die Wörter den Erklärungen zu, indem du die passenden Buchstaben notierst.**

_____ Design	A bereits ab Werk installiert
_____ vorinstalliert	B eine Person, die sich sehr gerne im Freien aufhält und dort aktiv ist
_____ Innovation	C das Aussehen eines Produktes
_____ Outdoorfreak	D eine Neuerung, etwas Neues

   C, A, D, B

2. **Du bist Handyentwickler und sollst das beste Mobiltelefon der Welt erfinden. Wie ist dieses Gerät? Beschreibe es in mindestens acht Sätzen.**

   _____
   _____
   _____
   _____
   _____
   _____

3. **Bestimmt hast du erkannt, dass der angebliche Testbericht zu vier Mobiltelefonen in Wirklichkeit Werbung ist. Glücklicherweise können Besucher auf der Internetseite Kommentare hinterlassen. Schreibe einen Kommentar, mit dem du andere Leser des Berichts warnst.**

   _____
   _____
   _____
   _____
   _____
   _____

👥 **Arbeite mit einem Mitschüler zusammen.** Der Text spricht davon, dass ein Gerät kurz nach Weihnachten deutlich billiger wird. Weshalb macht der Hersteller das? Stellt Vermutungen an. Was haltet ihr davon, dass der Preis nach Weihnachten gesenkt wird? Diskutiert.

Lesen – Mit Texten und Medien umgehen

Smartphones miteinander vergleichen

1. Deine Großmutter möchte sich endlich auch ein Mobiltelefon anschaffen und studiert den Testbericht. Allerdings sind ihr einige Begriffe unbekannt. Erkläre sie.

   Selfie _____

   _____

   Apps _____

   _____

   Adrenalinjunkies _____

   _____

   > *(Lösung, auf dem Kopf gedruckt):* Ein Selfie ist ein Foto, das man von sich selbst macht. Apps sind Software-Programme für Mobiltelefone und Tabletcomputer. Adrenalinjunkies sind Menschen, die den Nervenkitzel suchen.

2. Deine Eltern bieten an, dir ein neues Handy zu kaufen. Du bist mit deinem alten aber noch zufrieden. Bedanke dich bei ihnen, aber erkläre, weshalb du im Moment kein neues Gerät möchtest.

   _____

   _____

   _____

3. Dieser Handyvergleich richtet sich vor allem an Jugendliche. Das sieht man an Inhalt und Sprache. Finde weitere Belege für diese Aussage.

Sprache	Inhalt
Der Leser wird mit „du" angeredet.	

   > *(Lösung, auf dem Kopf gedruckt):* Sprache: Der Leser wird mit „du" angeredet. Es wird Jugendsprache verwendet. Es werden Wörter wie „cool" oder „stylish" verwendet.
   > Inhalt: Es wird empfohlen, sich das Handy von den Eltern schenken zu lassen. Es wird in Aussicht gestellt, dass man durch den Kauf des Handys „der Chef auf dem Schulhof" wird. Das Napos 1 wird als ideales Handy für Abenteurer und Adrenalinjunkies bezeichnet.

👥 Arbeite mit einem Mitschüler zusammen. Die als Testbericht über Mobiltelefone getarnte Werbung hat euch wütend gemacht. Verfasst eine E-Mail, in der ihr euch beim Hersteller über sein mieses Vorgehen beschwert. Erklärt ihm, was euch verärgert, und fordert ihn auf, die irreführende Anzeige aus dem Netz zu nehmen. Achtet darauf, höflich zu bleiben.

Lesen – Mit Texten und Medien umgehen

Smartphones miteinander vergleichen

Bei Kundenbewertungen im Internet gibt es das Problem, dass viele Rezensionen nicht echt sind, sondern von Herstellern und Verkäufern selbst geschrieben oder sogar gekauft werden. Man spricht dann von Fake-Bewertungen. Davon erhoffen sie sich höheren Umsatz. Glücklicherweise gibt es einige Merkmale, an denen man gefälschte Bewertungen erkennt:

- Sehr lange und detaillierte Bewertungen können Fake-Bewertungen sein, weil die wenigsten Nutzer sich die Zeit nehmen, so ausführlich zu schreiben.
- Wenn Rezensionen gespickt sind mit den zahllosen Vorteilen eines Produkts, ist Vorsicht angebracht.
- Das Profil des Verfassers gibt dir Auskunft über die Artikel, die er bereits bewertet hat. Wenn ein Onlineshopnutzer bereits 15 Fernseher bewertet hat, ist vermutlich etwas faul.
- Der Hinweis „verifizierter Kauf" belegt, dass der Schreiber das Produkt auch wirklich gekauft hat. Dies ist bei Fake-Bewertungen oft nicht der Fall.
- Da Nutzer, die beruflich Bewertungen faken, häufig mehrere Rezensionen für einen Artikel schreiben, kann man Fake-Bewertungen daran erkennen, dass sie häufig im gleichen Stil oder mit der gleichen Wortwahl geschrieben sind.

Arbeite mit mehreren Mitschülern zusammen. Geht auf die Seite eines Online-Händlers und sucht dort nach unterschiedlichen Produkten. Lest euch einige Kundenbewertungen durch. Bei welchen habt ihr den Verdacht, dass es sich um eine Fake-Bewertung handelt?

Tipp: Die Seite https://reviewmeta.com entlarvt gezielt falsche Bewertungen.

Entscheidet euch gemeinsam für eine Fake-Bewertung und druckt diese aus. Klebt sie auf ein DIN-A3-Papier und markiert die Stellen, die für eine Fälschung sprechen. Notiert auch eure Begründung. Hängt das Plakat als Warnung für eure Mitschüler im Klassenzimmer aus.

Lesen – Mit Texten und Medien umgehen

Den Aufbau einer Zeitung kennen

1. Mit der Zeitung hast du dich schon in den letzten Schuljahren beschäftigt. Vielleicht haben du und deine Eltern sogar eine Zeitung abonniert, die Tag für Tag ins Haus geliefert wird. Aktiviere dein Vorwissen und vervollständige die Mindmap zu Tageszeitungen.

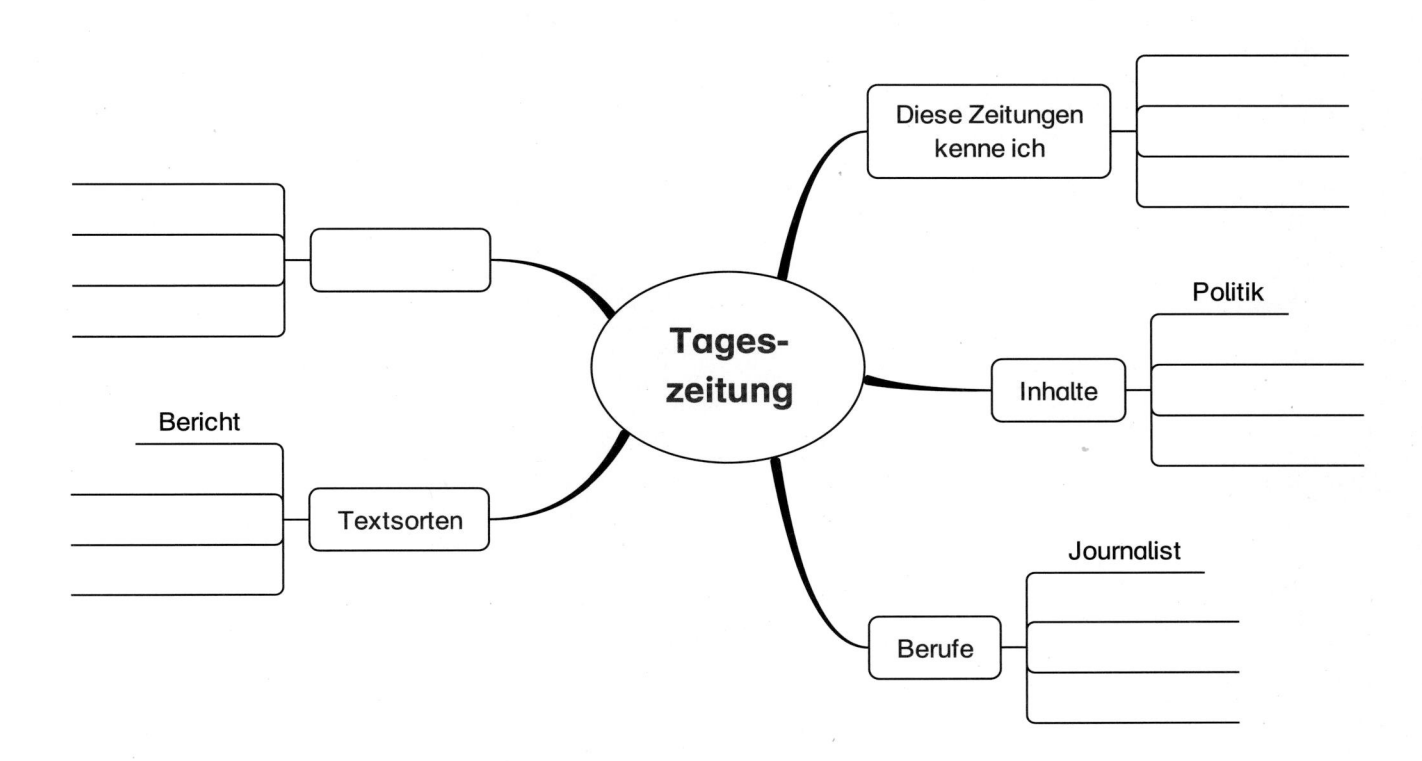

Mindmap **Tageszeitung** mit Ästen:
- Textsorten (u.a. Bericht)
- Diese Zeitungen kenne ich
- Inhalte (u.a. Politik)
- Berufe (u.a. Journalist)

2. Um den Aufbau einer Zeitung kennenzulernen und sich darin gut zurechtzufinden, ist es wichtig, verschiedene Zeitungen zu vergleichen. Frage deine Eltern, Verwandten und Nachbarn, ob sie dir eine alte Zeitung mit in die Schule geben.

Lesen – Mit Texten und Medien umgehen

Den Aufbau einer Zeitung kennen

Die Titelseite ist das Erste, das Lesern bei einer Zeitung auffällt, deshalb hat sie einen ganz bestimmten Aufbau. Wähle eine der von dir gesammelten Zeitungen aus und klebe die Titelseite auf ein Plakat. Achte darauf, dass an allen vier Seiten noch Platz ist.

- Schneide nun die Schilder aus und ordne sie an den passenden Stellen um die Titelseite herum an.
- Vergleiche mit der Lösung auf der nächsten Seite. Wenn deine Zuordnungen stimmen, klebst du die Schilder auf dem Plakat fest.

Zeitungskopf Der Zeitungskopf enthält die wichtigsten Informationen über die Zeitung wie Name, Datum, Herausgeber und Preis. Außerdem soll er sicherstellen, dass man die Zeitung auf den ersten Blick erkennt.	**Anreißer oder Inhaltsübersicht** Ein Anreißer ist ein kurzer Text, meist auf der Titelseite. Er macht auf einen Artikel im Innenteil der Zeitung aufmerksam. So bekommen Leser gleich einen Hinweis auf die wichtigsten Artikel der einzelnen Zeitungsteile.
Publizistische Einstellung Hier erfährt der Leser die Grundeinstellung der Zeitung.	**Unterzeile** Die Unterzeile steht direkt unter einer Überschrift oder einem Bild.
Werbeanzeige Werbeanzeigen machen auf Produkte oder Veranstaltungen aufmerksam. Für Werbeanzeigen zahlen Unternehmen viel Geld.	**Aufmacher** Der wichtigste Artikel auf einer Seite ist der Aufmacher. Er ist besonders lang und seine Schlagzeile ist größer als bei anderen Artikeln.
Vorspann Ein Vorspann ist die Einleitung zu einem Artikel. Meist ist er fett gedruckt und fasst die wichtigsten Informationen kurz zusammen.	**Schlagzeile** Eine Schlagzeile ist die größte Überschrift auf der Zeitungsseite. Sie ist häufig die Überschrift des Aufmachers auf der Seite.
Verweis auf den Lokalteil Hier erfährt der Leser, über welche Ereignisse aus der näheren Umgebung im Lokalteil berichtet wird.	

Lesen – Mit Texten und Medien umgehen

Den Aufbau einer Zeitung kennen

Vergleiche dein Plakat mit der Lösung auf dieser Seite, bevor du die Schilder festklebst.

Achtung! Nicht alle Titelseiten haben all diese Elemente. Vielleicht ist das ein oder andere Schild bei deiner Zeitung überflüssig.

GANZ TOLLE ZEITUNG
— KRITISCH • UNABHÄNGIG —

Labels: **Zeitungskopf**, **Publizistische Einstellung**

www.ganztollezeitung.de | Montag, 16. September 2019 | 65. Jahrgang / 18. Woche / 1,50 EURO

DAS WETTER

KRAWALLE BLIEBEN AUS — ▶ Seite 9

KAROS SIND IN — ▶ Seite 19

Label: **Anreißer**

GROSSSTADT
Breitbandausbau stockt

Label: **Verweis auf den Lokalteil**

DAUERSTAU IM STADTVERKEHR

Label: **Aufmacher**

Riesenüberraschung geglückt – Außenseiter Deutschland gewinnt Weltmeisterschaft!

Label: **Schlagzeile**

PEKING: Damit hat niemand gerechnet! Nach einem packenden Finale schlägt Deutschland den Favoriten USA knapp mit...

Label: **Unterzeile**

fett gedruckt

Label: **Vorspann**

WELCHE VERSICHERUNG ZAHLT BEI UNWETTERSCHÄDEN?
Mehrere Versicherungen sind beteiligt

IST DAS FAIR?
Diskussion über Steuergerechtigkeit geht in neue Runde

FEIERN SIE MIT!
30 % Rabatt
auf Kleinmöbel und alle Wohntextilien
25 JAHRE VO...

MK Einrichtungshaus Küspert GmbH

Label: **Werbeanzeige**

Lesen – Mit Texten und Medien umgehen

Den Aufbau einer Zeitung kennen

1. Vervollständige den Lückentext. Die Begriffe im Kasten helfen dir dabei.

> bezahlen   Lokalteil   Bücher   Buch
> Werbeanzeigen   Wirtschaftsteil   geheftet   Bilder

Eine Zeitung unterscheidet sich deutlich von einem _____ oder einer Zeitschrift. Die wenigsten Leser lesen eine Zeitung komplett von vorn bis hinten. Die meisten Leser betrachten die _____ und lesen die Schlagzeilen und entscheiden sich dann bewusst für die Artikel, die sie am meisten interessieren.

Wenn du deine Zeitung aufklappst, dann merkst du, dass sie nicht _____ oder geklammert ist und aus einzelnen Abschnitten besteht. Jeder Abschnitt besteht aus mehreren ineinandergelegten Seiten. Die einzelnen Abschnitte heißen _____.

In den meisten Tageszeitungen sind zum Beispiel der _____ oder der Kulturteil ein Buch. Viele Zeitungen haben noch weitere Bücher; so zum Beispiel den _____, in dem Meldungen zu finden sind, die nur die nähere Umgebung des Lesers betreffen. Im Anzeigenteil werden _____ abgedruckt, die den Leser über Produkte, Dienstleistungen oder Veranstaltungen informieren. Die Werbekunden der Zeitung _____ dafür, dass ihre Anzeigen hier abgedruckt werden.

> Eine Zeitung unterscheidet sich deutlich von einem **Buch** oder einer Zeitschrift. Die wenigsten Leser lesen eine Zeitung komplett von vorn bis hinten. Die meisten Leser betrachten die **Bilder** und lesen die Schlagzeilen und entscheiden sich dann bewusst für die Artikel, die sie am meisten interessieren. Wenn du deine Zeitung aufklappst, dann merkst du, dass sie nicht **geheftet** oder geklammert ist und aus einzelnen Abschnitten besteht. Jeder Abschnitt besteht aus mehreren ineinandergelegten Seiten. Die einzelnen Abschnitte heißen **Bücher**. In den meisten Tageszeitungen sind zum Beispiel der **Wirtschaftsteil** oder der Kulturteil ein Buch. Viele Zeitungen haben noch weitere Bücher; so zum Beispiel den **Lokalteil**, in dem Meldungen zu finden sind, die nur die nähere Umgebung des Lesers betreffen. Im Anzeigenteil werden **Werbeanzeigen** abgedruckt, die den Leser über Produkte, Dienstleistungen oder Veranstaltungen informieren. Die Werbekunden der Zeitung **bezahlen** dafür, dass ihre Anzeigen hier abgedruckt werden.

Arbeite mit einem Mitschüler zusammen. Welche Bücher umfassen die Tageszeitungen, die ihr in die Schule mitgebracht habt?

_____

2. Den Zeitungsteil, in den der Rest der Zeitung eingehüllt ist, nennt man Mantel. Könnt ihr ihn bei euren Zeitungen erkennen?
Schaut euch den Mantel einer Zeitung genauer an. Welche Seiten gehören dazu?

_____

Lesen – Mit Texten und Medien umgehen

Den Aufbau einer Zeitung kennen

Nicht alle Zeitungen sind gleich. Entziffere die Texte in Geheimschrift und du erfährst, was die unterschiedlichen Zeitungstypen unterscheidet.

Tageszeitung

> Eine Tageszeitung erscheint jeden Tag. Nur der Sonntag macht eine Ausnahme. Viele Tageszeitungen bieten ihren Lesern am Sonntag eine besonders umfangreiche Sonntagszeitung an.

Anzeigenblätter

> Anzeigenblätter sehen zwar aus wie eine normale Tageszeitung, unterscheiden sich aber inhaltlich sehr stark. In Anzeigenblättern stehen vor allem Werbeanzeigen, aber nur wenige journalistische Artikel. Deshalb werden Anzeigenblätter kostenlos verteilt.

Regionalzeitung

> Eine Regionalzeitung erscheint nicht in ganz Deutschland. Regionalzeitungen berichten neben den wichtigsten allgemeinen Themen vor allem über Themen, die eine bestimmte Region betreffen.

Eine Tageszeitung erscheint jeden Tag. Nur der Sonntag macht eine Ausnahme. Viele Tageszeitungen bieten ihren Lesern am Sonntag eine besonders umfangreiche Sonntagszeitung an.
Anzeigenblätter sehen zwar aus wie eine normale Tageszeitung, unterscheiden sich aber inhaltlich sehr stark. In Anzeigenblättern stehen vor allem Werbeanzeigen, aber nur wenige journalistische Artikel. Deshalb werden Anzeigenblätter kostenlos verteilt.
Eine Regionalzeitung erscheint nicht in ganz Deutschland. Regionalzeitungen berichten neben den wichtigsten allgemeinen Themen vor allem über Themen, die eine bestimmte Region betreffen.

Lesen – Mit Texten und Medien umgehen

Den Aufbau einer Zeitung kennen

Verbinde die Begriffe und die passenden Erklärungen.

Eine Boulevardzeitung	ist in der Zeitungssprache eine Falschmeldung.
Printmedien	recherchiert, führt Interviews und schreibt Artikel.
Ein Reporter	ist für Journalisten die Person oder Institution, von der sie ihre Informationen haben.
Eine Quelle	sind alle gedruckten Massenmedien.
Eine Ente	versucht, Leser durch große Fotos und reißerische Überschriften anzulocken.

> Eine Boulevardzeitung versucht, Leser durch große Fotos und reißerische Überschriften anzulocken. Printmedien sind alle gedruckten Massenmedien. Ein Reporter recherchiert, führt Interviews und schreibt Artikel. Eine Quelle ist für Journalisten die Person oder Institution, von der sie ihre Informationen haben. Eine Ente ist in der Zeitungssprache eine Falschmeldung.

Den Aufbau einer Zeitung kennen

An einer Tageszeitung arbeiten viele unterschiedliche Menschen. Hast du eine Idee, was die Aufgaben der Personen sind? Stelle Vermutungen an.

Ein Reporter _____

_____

Ein Redakteur _____

_____

Ein Volontär _____

_____

👤 **Arbeite mit einem Mitschüler zusammen. Recherchiere im Internet: Waren eure Vermutungen korrekt oder müsst ihr eure Notizen verbessern? Bereitet einen kurzen Vortrag vor, indem ihr eure Mitschüler über die drei Berufe informiert.**

> Ein Reporter ist ein Journalist, der vor Ort von einem Geschehen berichtet.
> Ein Redakteur arbeitet für Zeitungen, Zeitschriften, Bücher, Rundfunk- oder Fernsehsendungen und wählt Beiträge aus, bearbeitet diese oder schreibt sie selbst.
> Ein Volontär arbeitet meist gegen geringe Bezahlung in einem Betrieb, um sich auf einen späteren Beruf vorzubereiten.

Lesen – Mit Texten und Medien umgehen

alle

Den Aufbau einer Zeitung kennen

Arbeitet in Gruppen und informiert euch im Internet auf der Seite der Bundesagentur für Arbeit über Ausbildungsberufe im Zeitungswesen. Entscheidet euch für eine Berufsausbildung und erstellt dazu ein Plakat. Darauf sollen mindestens die folgenden Informationen enthalten sein:

- Drucker
- Reporter
- Redakteur
- Fotograf

Welchen Schulabschluss benötigt man für diese Ausbildung?

Wie lange dauert diese Ausbildung?

Wie hoch ist die Ausbildungsvergütung?

Welche Tätigkeiten übt man in diesem Beruf vor allem aus?

Wie könnte ein typischer Arbeitstag aussehen?

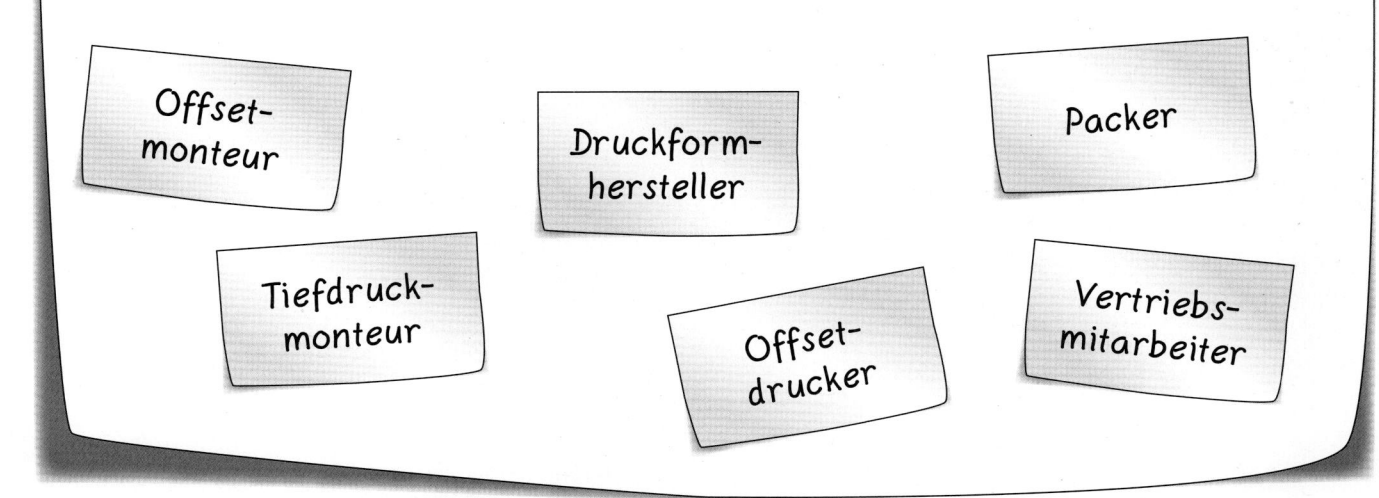

- Offsetmonteur
- Druckformhersteller
- Packer
- Tiefdruckmonteur
- Offsetdrucker
- Vertriebsmitarbeiter

Lesen – Mit Texten und Medien umgehen

Den Aufbau einer Zeitung kennen

Alle Texte einer Zeitung, die von der Zeitungsredaktion geschrieben werden, heißen Artikel. Das bedeutet, Werbeanzeigen und Leserbriefe sind keine Zeitungsartikel, da diese vom Werbekunden oder von Lesern verfasst werden. Normalerweise besteht ein Zeitungsartikel aus einem Vorspann und einem Text. Über jedem Artikel steht eine Überschrift, über umfangreichen Artikeln sogar eine Unterzeile. Man unterscheidet unterschiedliche journalistische Textformen, vier davon lernst du in den Infotexten kennen. Lies diese genau.

Meldung

Meldungen gehören genau wie Berichte zu den informierenden Textsorten. Hier hat die Meinung des Zeitungsherausgebers oder der Mitarbeiter nichts zu suchen. Bei einer Meldung handelt es sich um eine sehr kurze Nachricht; sie ist die Kurzform eines Berichts. Sie soll den Lesern einen Sachverhalt in 15 bis 20 Zeilen näherbringen. Gerade kleine Zeitungen mit wenig Mitarbeitern schreiben Meldungen häufig nicht selbst, sondern sparen Geld und Zeit, indem sie die Meldungen von Nachrichtenagenturen übernehmen.

Die wichtigsten Informationen findet man in einer Meldung immer im ersten Satz. Dieser sollte schon die wichtigsten W-Fragen beantworten: Wer?, Was?, Wann?, Wo?, Wie?, Warum?

Bericht

Eine weitere Textform der Zeitung ist der Bericht. Anders als Meldungen werden Berichte oft durch Bilder illustriert. Ein Bericht enthält deutlich mehr Informationen als eine Meldung oder eine kurze Nachricht. Er informiert den Leser zusätzlich über Hintergründe, beteiligte Personen und Folgen.

Die meisten Berichte werden im sogenannten „Lead"-Stil geschrieben. Das bedeutet, dass am Anfang die wichtigsten Informationen genannt werden. Dann kommen wichtige Zusatzinformationen und interessante Einzelheiten, bevor am Schluss ergänzende Details folgen.

Glosse

Eine Glosse ähnelt dem Kommentar, da sie zu den wertenden Stilformen gehört. Auch hier wird ein aktuelles Ereignis kommentiert, was bedeutet, dass ein Kommentator seine Meinung schreibt. Das Besondere an einer Glosse ist, dass sie nicht sachlich bleibt, sondern sich über das Ereignis lustig macht und bissig und boshaft werden kann. Oftmals übertreiben Glossen oder stellen einen Sachverhalt ironisch dar. Eine Glosse soll lustig sein, sodass der Leser lachen oder schmunzeln muss. Trotzdem hat die Glosse ein ernstes Ziel. Sie soll den Leser zum Nachdenken anregen. Dieser soll der Glosse entweder zustimmen oder sie ablehnen.

Kommentar

Der Kommentar gehört zu den wertenden Stilformen journalistischer Texte, da hier die Meinung der Zeitung oder des Redakteurs deutlich wird. Anders als beim Bericht oder der Meldung ist Neutralität hier nicht gefragt. Ein Kommentar bezieht sich meistens auf eine Nachricht oder einen Bericht. Das heißt, die Zeitung veröffentlicht einen Artikel, in dem der Sachverhalt beschrieben wird, und einen Artikel, in dem er kommentiert wird. Kommentar und Artikel dürfen dabei nicht vermischt werden und werden immer getrennt dargestellt. Der Leser muss genau erkennen können, welcher Text ihn informieren soll und welcher Text eine Meinung wiedergibt. Der Kommentar hilft dem Leser, sich selbst eine Meinung zu bilden.

Lesen – Mit Texten und Medien umgehen

Den Aufbau einer Zeitung kennen

Kreuze richtige Aussagen an.

a) ☐ Meldungen gehören zu den informierenden Textsorten.

b) ☐ Meldungen beantworten die W-Fragen.

c) ☐ Berichte sind kürzer als Meldungen.

d) ☐ Kommentare und Glossen gehören zu den wertenden Textformen.

e) ☐ Der Lead-Stil ist ein Kennzeichen der Glosse.

f) ☐ Kommentare und Berichte müssen eindeutig getrennt sein.

g) ☐ Kommentare sollen dem Leser die Meinung der Zeitung aufzwingen.

h) ☐ Glossen sollen den Leser zum Lachen und Schmunzeln bringen.

Arbeite mit einem Mitschüler zusammen. Formuliert vier weitere Aussagen, von denen zwei richtig und zwei falsch sind. Gebt diese euren Mitschülern zum Üben. Vergesst nicht, auch eine Lösung zu erstellen.

Richtig sind: a), b), d), f), h).

Den Aufbau einer Zeitung kennen

Streiche falsche Informationen.

Meldungen sollen *informieren/kommentieren*.

Die wichtigsten Informationen findet man in Meldungen immer im *letzten/ersten* Satz.

Kommentare sollen *informieren/kommentieren*.

Beim Lesen einer Glosse soll der Leser *lachen/weinen/nachdenken*.

Glossen zeichnen sich aus durch *Übertreibungen/Ironie/Sachlichkeit*.

Meldungen/Berichte/Glossen werden häufig durch Bilder illustriert.

Im Lead-Stil kommen Detailinformationen am *Anfang/am Ende/fallen weg*.

Berichte/Glossen/Kommentare gehören zu den wertenden Textsorten.

Meldungen sollen *informieren/~~kommentieren~~*.
Die wichtigsten Informationen findet man in Meldungen immer im ~~letzten~~/ersten Satz.
Kommentare sollen ~~informieren~~/kommentieren.
Beim Lesen einer Glosse soll der Leser lachen/~~weinen~~/nachdenken.
Glossen zeichnen sich aus durch Übertreibungen/Ironie/~~Sachlichkeit~~.
~~Meldungen~~/Berichte/Glossen werden häufig durch Bilder illustriert.
Im Lead-Stil kommen Detailinformationen am Anfang/~~am Ende/fallen weg~~.
~~Berichte~~/Glossen/Kommentare gehören zu den wertenden Textsorten.

Arbeite mit einem Mitschüler zusammen. Formuliert vier weitere Aussagen, bei denen Fehlinformationen zu streichen sind. Gebt diese euren Mitschülern zum Üben. Vergesst nicht, auch eine Lösung zu erstellen.

Lesen – Mit Texten und Medien umgehen

Den Aufbau einer Zeitung kennen

Beantworte die Fragen zu den Texten in ganzen Sätzen.

Wie lang dürfen Meldungen sein?
_____
_____

Woher stammen viele Meldungen gerade kleiner Zeitungen?
_____
_____

Weshalb übernehmen manche Zeitungsredaktionen Agenturmeldungen, ohne diese zu überarbeiten?
_____
_____

Wodurch unterscheiden sich Berichte und Meldungen?
_____
_____

In welchen journalistischen Textformen wird die Meinung der Zeitung oder eines Mitarbeiters deutlich?
_____
_____

Welche Ziele verfolgt der Autor mit einer Glosse?
_____
_____

Meldungen dürfen 15 bis 20 Zeilen lang sein. Viele Meldungen kleiner Zeitungen stammen direkt von Nachrichtenagenturen. Manche Redaktionen übernehmen Agenturmeldungen, um Geld zu sparen. Berichte sind deutlich umfangreicher als Meldungen, werden oft durch Bilder illustriert und geben mehr Informationen. Die Meinung der Zeitung wird im Kommentar und in der Glosse deutlich. Eine Glosse soll belustigen und zum Nachdenken anregen.

👥 Arbeite mit einem Mitschüler zusammen. Formuliert fünf weitere Fragen zu den Texten. Gebt diese euren Mitschülern zum Üben. Vergesst nicht, auch eine Lösung zu erstellen.

Lesen – Mit Texten und Medien umgehen

Den Aufbau einer Zeitung kennen

Arbeite mit mehreren Mitschülern zusammen. Wählt eine oder mehrere Aufgabenstellungen aus und diskutiert diese in der Gruppe.

- Weshalb müssen Kommentar und Bericht eindeutig getrennt sein? Diskutiert.

- Wenn eine Glosse nicht eindeutig als solche zu erkennen wäre, würde der Leser verwirrt werden. Diskutiert.

- Glossen haben ein ernstes Ziel: Sie sollen zum Nachdenken anregen. Weshalb sind sie trotzdem ironisch und lustig geschrieben? Diskutiert.

- Wenn Zeitungen einfach nur Agenturmeldungen übernehmen, wäre dies gefährlich für die Meinungsvielfalt in Deutschland. Begründet.

Lesen – Mit Texten und Medien umgehen

Den Aufbau einer Zeitung kennen

Hier lernst du weitere journalistische Darstellungsformen kennen. Entziffere dazu die Sätze in Geheimschrift.

Reportage

In einer Reportage wird lebhaft ein Geschehen aus der Sicht des Journalisten geschildert. Als Leser hat man das Gefühl, mit dem Journalisten am Ort des Geschehens zu sein.

Bildreportage

Eine Bildreportage ist eine Reportage, die vor allem aus Bildern besteht.

Rezension

Eine Rezension ist eine kritische Besprechung von Kinofilmen, Theateraufführungen, Büchern. In einer Rezension bespricht der Journalist den Inhalt und wertet diesen.

Leserbrief

Der Leserbrief ist eine Zuschrift von Lesern an die Zeitungsredaktion, die zur Veröffentlichung gedacht ist.

In einer Reportage wird lebhaft ein Geschehen aus der Sicht des Journalisten geschildert. Als Leser hat man das Gefühl, mit dem Journalisten am Ort des Geschehens zu sein.
Eine Bildreportage ist eine Reportage, die vor allem aus Bildern besteht.
Eine Rezension ist eine kritische Besprechung von Kinofilmen, Theateraufführungen, Büchern. In einer Rezension bespricht der Journalist den Inhalt und wertet diesen.
Der Leserbrief ist eine Zuschrift von Lesern an die Zeitungsredaktion, die zur Veröffentlichung gedacht ist.

Arbeite mit einem Mitschüler zusammen. Sucht in euren Zeitungen einen Artikel, der im Lead-Stil verfasst ist. Klebt ihn auf ein Blatt Papier und markiert alle Kennzeichen des Lead-Stils.

Lesen – Mit Texten und Medien umgehen

Literarische Textsorten unterscheiden und erschließen

In der Literatur werden unterschiedliche Textformen verwendet. Hier lernst du Merkmale kennen, an denen du sie erkennen kannst. Notiere die Beschreibungen in korrekter Groß- und Kleinschreibung.

DiE kUrZgEsChIcHtE isT EiNe KuRzE erZäHluNG, In DeR EiN EreIGNis Und diE pErSoNeN DeR hANDluNG GaNZ KnaPP GeschILdert WeRDen. häUfiG EnDen kuRZgeSchichTen Mit eiNer pOINte.

_____

_____

_____

dIe bAlLaDe WaR UrSPrüNgLicH EiN LIeD, Zu dEm MaN TaNzEn KoNNte. hEuTe mEiNt BAlLaDe eIn geDiCHt, DaS VoN DraMAtIscHeN ErEIgNiSsEn eRZaÄhlT.

_____

_____

_____

diE FaBeL IsT EiNe KuRZe gEscHIchTe, In DeR tiERe, ManCHmAl AbER AUch pfLanZeN, MensChlI-Che eiGENschaFteN hAbEn UnD wIe mEnsCheN sPrEcHeN uNd HaNDelN.

_____

_____

_____

_____

> Die Kurzgeschichte ist eine kurze Erzählung, in der ein Ereignis und die Personen der Handlung ganz knapp geschildert werden. Häufig enden Kurzgeschichten mit einer Pointe. Die Ballade war ursprünglich ein Lied, zu dem man tanzen konnte. Heute meint Ballade ein Gedicht, das von dramatischen Ereignissen erzählt. Die Fabel ist eine kurze Geschichte, in der Tiere, manchmal aber auch Pflanzen, menschliche Eigenschaften haben und wie Menschen sprechen und handeln.

Arbeite mit einem Mitschüler zusammen. Bestimmt finden sich in eurem Deutschbuch Balladen, Fabeln und Kurzgeschichten. Lest für jede Textsorte ein Beispiel. Besprecht anschließend, welcher Text euch am besten gefallen hat.

Lesen – Mit Texten und Medien umgehen

Literarische Textsorten unterscheiden und erschließen

Ballade, Fabel und Kurzgeschichte weisen bestimmte Merkmale auf. Entziffere diese.

Ballade	Fabel	Kurzgeschichte
ähnlich wie ein Gedicht	sprechende Tiere	geringe Textlänge
Strophen, Verse und Reime	Zeit und Ort nicht genannt	keine Einleitung
Dialoge, direkte Rede	manchmal nur wenige Zeilen	offener Schluss
überraschende Wendung	allgemeine Moral	keine Helden, sondern Alltagspersonen

---

Ballade: ähnlich wie ein Gedicht; Strophen, Verse und Reime; Dialoge, direkte Rede; überraschende Wendung
Fabel: sprechende Tiere; Zeit und Ort nicht genannt; manchmal nur wenige Zeilen; allgemeine Moral
Kurzgeschichte: geringe Textlänge; keine Einleitung; offener Schluss; keine Helden, sondern Alltagspersonen

Lesen – Mit Texten und Medien umgehen

Literarische Textsorten unterscheiden und erschließen

In der Literatur werden unterschiedliche Textformen verwendet. Ordne die Erklärungen den drei Textgattungen zu.

| | A Ballade | B Kurzgeschichte | C Fabel |

_____	Diese Textform zeichnet sich dadurch aus, dass Tiere und Pflanzen sprechen können und so handeln, als seien sie Menschen. Sie endet meist mit einer Art Lehre. Menschen sollen zum Nachdenken angeregt werden und etwas aus diesen Texten lernen.
_____	In dieser Textgattung wirft der Schriftsteller den Leser ohne große Einleitung mitten in ein Geschehen. Dieses wird genau so knapp geschildert wie auch die handelnden Personen. Meistens endet diese Textgattung mit einer Pointe, nicht jedoch mit einem klassischen Ende.
_____	Diese Textgattung wird auch als Erzählgedicht bezeichnet, da ihr Inhalt einer spannenden Erzählung gleicht, ihre Form aber einem Gedicht. Die meisten derartigen Texte folgen einer Spannungskurve.

Text 1 – C Fabel / Text 2 – B Kurzgeschichte / Text 3 – A Ballade

Arbeite mit einem Mitschüler zusammen. Bestimmt gibt es in eurem Deutschbuch Balladen, Fabeln und Kurzgeschichten. Lest für jede Textsorte ein Beispiel. Besprecht anschließend, ob die obigen Beschreibungen auf die gelesenen Texte zutreffen.

Literarische Textsorten unterscheiden und erschließen

Ballade, Fabel und Kurzgeschichte haben bestimmte Merkmale.
Vervollständige die einzelnen Merkmale mithilfe der Wörter im Kasten.

| dreigeteilter | Seiten | spannende | Höhepunkt | Zeilen | Schreibstil | Tiere |
| Kritik | Versen | überraschende | Schluss | Alltagspersonen |

Ballade	verfasst in Strophen, _____ und Reimen; _____, handlungsreiche Geschichten; lebendiger, ausschmückender _____; dramatischer _____
Fabel	manchmal nur wenige _____; _____ oder Pflanzen als Handlungsträger; enthält _____ an Dingen wie Neid, Gier; _____ Aufbau
Kurzgeschichte	geringe Textlänge – meist wenige _____; offener _____; keine Helden, sondern _____; _____ Wendung/Pointe

Ballade: Versen, spannende, Schreibstil, Höhepunkt
Fabel: Zeilen, Tiere, Kritik, dreigeteilter
Kurzgeschichte: Seiten, Schluss, Alltagspersonen, überraschende

Lesen – Mit Texten und Medien umgehen

Literarische Textsorten unterscheiden und erschließen

In der Literatur werden unterschiedliche Textformen verwendet. Hier lernst du, diese zu erkennen.

👥 Arbeite mit einem Mitschüler zusammen. Bestimmt gibt es in eurem Deutschbuch Balladen, Fabeln und Kurzgeschichten. Lest für jede Textsorte ein Beispiel. Besprecht euch anschließend, und formuliert für jede der drei Gattungen eine kurze Erklärung.

Ballade: _____

_____

Fabel: _____

_____

Kurzgeschichte: _____

_____

> **Musterlösung:** Die Ballade war ursprünglich ein Lied, zu dem man tanzen konnte. Heute meint Ballade ein Gedicht, das von dramatischen Ereignissen erzählt.
> Die Fabel ist eine kurze Geschichte, in der Tiere, manchmal aber auch Pflanzen, menschliche Eigenschaften haben und wie Menschen sprechen und handeln.
> Die Kurzgeschichte ist eine kurze Erzählung, in der ein Ereignis und die Personen der Handlung ganz knapp geschildert werden. Häufig enden Kurzgeschichten mit einer Pointe.

Literarische Textsorten unterscheiden und erschließen

Ballade, Fabel und Kurzgeschichte weisen bestimmte Merkmale auf. Ordne zu, indem du bei jedem Merkmal B, F oder K notierst. ⤴ knicken

	Merkmal		Lösung
____	offener Schluss	K	offener Schluss
____	dramatischer Höhepunkt	B	dramatischer Höhepunkt
____	wenige Personen	K	wenige Personen
____	Tiere oder Pflanzen als Handlungsträger	F	Tiere oder Pflanzen als Handlungsträger
____	dramatische Ereignisse	B	dramatische Ereignisse
____	Handlung nur knapp geschildert	K	Handlung nur knapp geschildert
____	überraschende Wendung/Pointe	K	überraschende Wendung/Pointe
____	enthält Kritik an Dingen wie Neid, Gier	F	enthält Kritik an Dingen wie Neid, Gier
____	dreigeteilter Aufbau	F	dreigeteilter Aufbau
____	spannende, handlungsreiche Geschichten	B	spannende, handlungsreiche Geschichten
____	Ende mit belehrender Moral	F	Ende mit belehrender Moral
____	geringe Textlänge – meist wenige Seiten	K	geringe Textlänge – meist wenige Seiten
____	Strophen, Verse und Reime	B	Strophen, Verse und Reime
____	Dialoge, direkte Rede	B	Dialoge, direkte Rede
____	keine Helden, sondern Alltagspersonen	K	keine Helden, sondern Alltagspersonen
____	manchmal nur wenige Zeilen	F	manchmal nur wenige Zeilen
____	lebendiger, ausschmückender Schreibstil	B	lebendiger, ausschmückender Schreibstil

Lesen – Mit Texten und Medien umgehen

Literarische Textsorten unterscheiden und erschließen

1. **Lies den Text. Dabei handelt es sich um den Anfang eines bekannten Textes.**

   Ein Hirsch wurde einst von einem Jäger verfolgt und flüchtete sich in eine Höhle. Leider handelte es sich bei dieser Höhle um den Unterschlupf eines Löwen. Dieser ergriff den Hirsch sofort und brüllte: „Schön, dass du da bist, mein Hunger ist riesig."

2. **Um welche Textsorte handelt es sich?** ☐ Ballade ☐ Fabel ☐ Kurzgeschichte

3. **Begründe deine Entscheidung in einem Satz.**

   Bei diesem Text handelt es sich um _____, weil _____

   > [X] Fabel / Bei diesem Text handelt es sich um eine Fabel, weil Tiere handeln und sprechen.

Arbeite mit einem Mitschüler zusammen. Diese Fabel geht auf Äsop zurück und heißt „Der Hirsch und der Löwe". Lest die ganze Fabel im Internet. Welche weiteren Merkmale einer Fabel entdeckt ihr dabei?

Literarische Textsorten unterscheiden und erschließen

1. **Lies den Text. Dabei handelt es sich um den Anfang eines bekannten Textes.**

   Hat der alte Hexenmeister
   Sich doch einmal wegbegeben!
   Und nun sollen seine Geister
   Auch nach meinem Willen leben.
   Seine Wort' und Werke
   Merkt ich und den Brauch,
   Und mit Geistesstärke
   Tu ich Wunder auch.

2. **Um welche Textsorte handelt es sich?** ☐ Ballade ☐ Fabel ☐ Kurzgeschichte

3. **Begründe deine Entscheidung in einem Satz.**

   > [X] Ballade / Bei diesem Text handelt es sich um eine Ballade, weil sie in Versen verfasst ist und diese sich reimen.

Arbeite mit einem Mitschüler zusammen. Diese Ballade von Johann Wolfgang von Goethe heißt „Der Zauberlehrling". Lest die ganze Ballade im Internet. Welche weiteren Merkmale einer Ballade entdeckt ihr dabei?

Lesen – Mit Texten und Medien umgehen

Literarische Textsorten unterscheiden und erschließen

1. Lies den Text. Dabei handelt es sich um den Anfang eines bekannten Textes.

> Michael saß am Schreibtisch und arbeitete. Plötzlich hörte er auf der Stiege ein Gepolter, als ob jemand von der Treppe herunterfallen würde. Er sprang auf, ging zur Tür und öffnete sie. Da taumelte schon ein Mann ins Zimmer ...
>
> „Entschuldigen Sie", sagte der Eindringling. „Ich hatte nicht die Absicht ..."
>
> „Aber kommen Sie doch herein!", rief der Hausherr und bemerkte besorgt: „Mein Gott, wie sehen Sie denn aus? Haben Sie sich verletzt?"
>
> Der Fremde wischte sich mit der einen Hand den Rock und die Hose ab, fuhr dann mit der anderen über den Rücken, räusperte sich und sprach:
>
> „Nicht der Rede wert – wirklich nicht der Rede wert – aber ich störe Sie vielleicht ..."
>
> „Machen Sie sich keine Gedanken darüber", bemerkte Michael. „Haben Sie sich weh getan? Was ist Ihnen eigentlich zugestoßen?"

2. Um welche Textsorte handelt es sich?   ☐ Ballade   ☐ Fabel   ☐ Kurzgeschichte

3. Begründe deine Entscheidung in einem Satz.

_____

_____

_____

_____

> [X] Kurzgeschichte / Bei diesem Text handelt es sich um eine Kurzgeschichte, weil der Leser ohne Einleitung mitten ins Geschehen geworfen wird und die Personen ganz normale Menschen sind.

👥 Arbeite mit einem Mitschüler zusammen. Diese Kurzgeschichte stammt von Arkadij Timofejewitsch Awertschenko und heißt „Der Agent". Lest die ganze Kurzgeschichte im Internet. Welche weiteren Merkmale einer Kurzgeschichte entdeckt ihr dabei?

Lesen – Mit Texten und Medien umgehen

Literarische Textsorten unterscheiden und erschließen

Ballade, Fabel oder Kurzgeschichte? Notiere in den Kästen deine Vermutungen.

Text 1
„Was wollt ihr?" ruft er vor Schrecken bleich,
„Ich habe nichts als mein Leben,
das muß ich dem Könige geben!"
Und entreißt die Keule dem nächsten gleich:
„Um des Freundes willen, erbarmet euch!"
und drei mit gewaltigen Streichen
erlegt er, die andern entweichen.
(Die Bürgschaft)

Text 2
Vom Ufer starret Gestumpf hervor,
unheimlich nicket die Föhre.
Der Knabe rennt, gespannt das Ohr,
durch Riesenhalme wie Speere;
Und wie es rieselt und knittert darin,
das ist die unselige Spinnerin,
das ist die gebannte Spinnlenor',
die den Haspel dreht im Geröhre!
(Der Knabe im Moor)

Text 3
Viele Stunden mühten sie sich nun vergeblich ab, und ihre Schenkel wurden allmählich immer matter. Da quakte der eine Frosch: „Alles Strampeln ist umsonst, das Schicksal ist gegen uns, ich geb's auf!" Er machte keine Bewegung mehr, glitt auf den Boden des Gefäßes und ertrank.
(Die beiden Frösche)

Text 4
Aber die Stadtmaus, durch die vielen gewohnten Leckereien verwöhnt, beroch und benagte die Speisen nur sehr wenig und stellte sich der Höflichkeit halber so, als wenn es ihr schmecke, konnte aber doch nicht umhin, die Gastgeberin merken zu lassen, dass alles sehr wenig nach ihrem Geschmack gewesen sei. „Du bist eine recht große Törin", sprach sie zu ihr, „dass du hier so kümmerlich dein Leben fristest, während du es in der Stadt so glänzend führen könntest wie ich. Gehe mit mir in die Stadt unter Menschen, dort hast du Vergnügen und Überfluss."
(Die Stadt- und die Landmaus)

Lesen – Mit Texten und Medien umgehen

Literarische Textsorten unterscheiden und erschließen

Text 5

Eines Morgens hörte die Ratte ein herzzerreißendes Miauen. Sie lächelte schadenfroh: „Einem meiner Plagegeister scheint es an den Kragen zu gehen." Das Miauen wurde immer jämmerlicher, und die Ratte blinzelte neugierig aus ihrem Loch. Aber sie konnte nichts sehen. Vorsichtig tapste sie in die Richtung, aus der das Klagen kam. Da entdeckte sie die Katze, die sie schon so oft in Angst und Schrecken versetzt hatte. Sie war in eine Falle geraten. „Das geschieht dir recht!", rief die Ratte ihrer Feindin zu.
(Die Katze und die Ratte)

Text 6

Senter wollte nicht mehr an das Tier denken. Er stützte die Ellenbogen auf die Planke und hob sich, so weit es ging, aus dem Wasser empor, um sich umzusehen. Der Schrecken seiner Lage überwältigte ihn. Er war Hunderte von Meilen vom Land entfernt. Selbst unter den günstigsten Umständen konnte er kaum hoffen, aufgefischt zu werden. Mit Verzweiflung sah er, was ihm bevorstand. Er würde sich einige Stunden lang an der Planke festhalten können – nur wenige Stunden. Dann würde sich sein Griff vor Erschöpfung lösen, und er würde versinken.
(Der Retter)

👥 Arbeite mit einem Mitschüler zusammen. Vergleicht eure Vermutungen untereinander. Begründet diese. Vergleicht sie auch mit der angegebenen Lösung. Könnt ihr diese nachvollziehen?

Text 1 – Ballade / Text 2 – Ballade / Text 3 – Fabel / Text 4 – Fabel / Text 5 – Fabel / Text 6 – Kurzgeschichte

Lesen – Mit Texten und Medien umgehen

Literarische Textsorten unterscheiden und erschließen

Neben Ballade, Fabel und Kurzgeschichte gibt es noch weitere wichtige Textsorten. Löse das Kreuzworträtsel. Dein Deutschbuch oder ein Wörterbuch helfen dir. Du kannst auch im Internet recherchieren, wenn du Hilfe brauchst.

Lesen – Mit Texten und Medien umgehen

Literarische Textsorten unterscheiden und erschließen

1. Eine _____ beschreibt das Leben einer Person.

2. In einer _____ beschreibt eine Person ihr eigenes Leben.

3. Eine _____ schildert kurz eine wahre oder erfundene Begebenheit über eine Person. Diese Begebenheit verdeutlicht ihren Charakter, muss aber nicht der Wahrheit entsprechen.

4. Ein _____ ist ein meist kurzer Text, in dem die Sprache sich oft reimt.

5. _____ sind kurze Erzählungen, die von wundersamen Begebenheiten erzählen. In Deutschland sind die Brüder Grimm bekannt, die solche Erzählungen gesammelt haben.

6. Eine _____ hat einen wahren Kern. Oft wird dabei das vorbildliche Leben eines Heiligen oder eines sehr religiösen Menschen dargestellt.

7. Eine _____ war eigentlich eine kleine, volkstümliche Geschichte, die zur Unterhaltung auf der Rückseite eines Kalenderblattes gedruckt war.

8. Der _____ ist eine kurze fiktive Erzählung, die den Leser zum Lachen bringen soll.

9. In einem _____ untersucht der Autor gesellschaftliche Entwicklungen. Er setzt sich aus seiner eigenen Sicht intensiv mit einem aktuellen Thema auseinander.

10. Eine _____ enthält häufig Spott. Sie versucht, Dinge zu entlarven und lächerlich zu machen.

11. Eine _____ ist eine Form des Dramas. Sie schildert, wie sich die Situation der Hauptperson mehr und mehr verschlechtert bis hin zu einer Katastrophe.

12. Eine _____ ist ein lustiges Drama, das in der Regel glücklich endet.

Lesen – Mit Texten und Medien umgehen

Literarische Textsorten unterscheiden und erschließen

Lösung

Waagerecht:
- 2: AUTOBIOGRAFIE
- 3: ANEKDOTE
- 6: LEGENDE
- 8: WITZ
- 9: ESSAY
- 11: TRAGÖDIE

Senkrecht:
- 1: BIOGRAFIE
- 4: GEDICHT
- 5: MÄRCHEN
- 7: KALENDERGESCHICHTE
- 10: SATIRE
- 12: KOMÖDIE

Alle Unterrichtsmaterialien
der Verlage Auer, AOL-Verlag und PERSEN

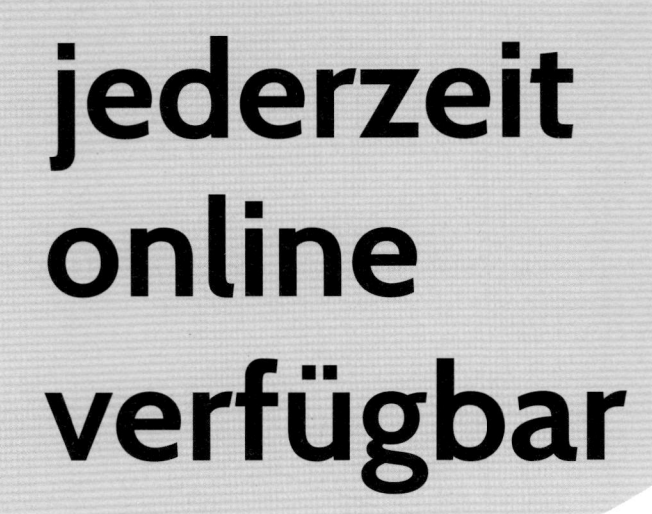

jederzeit online verfügbar

lehrerbuero.de
Jetzt kostenlos testen!

» **lehrerbüro**
Das **Online-Portal** für Unterricht und Schulalltag!